그리고, 가을은

삶을 사랑하는 한 사람의 간절한 노래

그리고, 가을은

김영금 지음

목차

8 책머리에

1부 그리고 가을은

12 심금을 울리는 노래

16 상전벽해桑田碧海

21 물길

26 비워내기

32 회상

37 그리고 가을은

42 열정

47 약속

52 이것, 나 주소

2부 한글에 새겨진 우주

58   온기 가득했던 집
63   고백
69   사랑스러운 아이들
75   엄마의 치마폭처럼
80   반란班爛
86   까끄막에 묻어둔 추억
91   마음이 만드는 자리
96   한글에 새겨진 우주
101 사북

3부 코로나가 남긴 제사문화

108 어머니의 삼베

113 코로나가 남긴 제사문화

118 서리, 오래된 만찬

123 일흔에 핀 꽃

128 다시 쓰는 삶의 뒤편

133 미물에게 부치는 참회록

138 못밥 한 그릇

143 스물둘, 봄에 흩어진 잔영

4부 　목도리

150　마지막 대화

156　겨울 동화

162　목도리

167　꽃보다 아름다운 날들

172　옷의 품안에 들다

178　고장 난 지구

183　틀니와 모정

188　창밖의 유람선

193　온천천의 시간

199　흐르는 삶, 담는 마음: 김영금 수필의 세계
　　　- 박양근(문학평론가, 부경대 영문과 명예교수)

책머리에

 9월, 가을이다. 더위에 밀려오지 않을 것 같던 계절이 어느새 성큼 다가왔다. 길가에 떨어진 샛노란 잎과 팔랑이는 가지를 보며 자연의 법칙은 어김없음을 느낀다.
 이제 내 인생도 가을에 접어들었다. 나이 들수록 기억은 희미해지고 감각은 무뎌졌지만, 글쓰기는 오히려 나를 단단히 붙들어 주었다. 처음엔 가슴속 원망을 풀어내려 글을 썼으나, 차츰 참회와 감사가 앞서는 마음을 배우게 되었다. 남편의 응원, 가족의 따뜻한 배려는 내 글의 든든한 밑거름이 되었다.
 늦게 열린 배움의 문 앞에서 나는 그저 기쁘다. 젊어서는 뜻을 이루지 못했으나, 인생의 가을에야 비로소 학문과 수필 공부의 즐거움을 알게 되었다. 한문과 동양사상, 성명학에 이어 글쓰기를 배우며 마음속 빈자리를 채워가는 시간은 내게 무엇과도 바꿀 수 없는 선물이다.
 돌아보면 공부하지 못한 아쉬움이 늘 가슴에 남았지만, 이제는 하고 싶은 것을 마음껏 할 수 있어 감사하다. 누구도 말리지 않고, 오히려 응원해 주는 가족과 조카들이 있으니 이 또한 큰 복이다.

가을은 등불을 가까이 두고 책을 읽기에 가장 좋은 계절이라 했다. 내 삶의 가을도 그와 같다. 늦은 걸음이지만 배우고 쓰는 길 위에서, 함께하는 문우들과 더불어 풍요로움을 나누고 싶다.

내 인생 책을 쓰리라고 생각지도 못했는데, 열정적으로 수필을 가르쳐 주신 부경대학교 박양근 교수님 덕분이다. 더욱이 주경야독하면서 내 나이를 잊게 해준 수요 저녁 반 문우들에게 감사드린다.

이 책 《그리고, 가을은》이 그간의 부족한 글공부의 흔적이자, 앞으로 더 깊어질 내 삶의 고백이 되기를 바란다. 서툴고 미진하더라도, 이 글들이 누군가의 마음에 작은 등불이 되기를 또한 바란다.

2025년 가을
玟廷 김영금

1부

그리고 가을은

심금을 울리는 노래

동요는 언제 들어도 정겹다. 언어와 감정을 초월하여 심장 가장 깊은 곳을 건드리는 것, 그것이 노래의 힘이다. 해외의 합창단들이 다투듯 한국 가곡과 동요를 맛깔나게 부른다. 특히 스페인 합창단은 쪽 찐 머리에 한복까지 갖춰 입고 발음 또한 정확하다. 〈섬집 아기〉, 〈따오기〉, 〈과수원길〉 등 대부분 동요와 가곡이었다. 음악을 듣는 관객도 마찬가지다. 가사는 정확하게 전달받지 못할지라도 서정적인 곡조에 매료된 것일까 모두 눈물을 글썽인다.

젖먹이 아들에게 불렀던 자장가, 〈섬 집 아기〉를 듣던 한 돌도 안 된 애기가 눈물을 주르륵 흘렸다. 엄마의 노래가 아기에게 어떻게 전달됐을까. 놀란 엄마는 그 후 부르는 자장가도 조심스러워졌다. 태교 음악으로 클래식 음악을 자주 틀었고, 조용한 자장가도 들려주었다. 그때 일깨워진 감성 때문인지, 성장한 아들은 장르 불문하고 음악을 좋아한다. 아직 여자 친구가 없는 아들은 음악회에 엄마와 자주 동행한다.

남녀노소를 막론하고, 사람의 심금을 울리는 음악이 있다. 우리 가곡의 서정적인 가사와 동심을 불러일으키는 동요는, 듣고 또 들어도 싫증나지 않고 아름답고 정겹다. 칠순이 넘은 나이에도 동요를 자주 흥얼거린다. 이미 목소리는 따라주지 않지만, 기분이 좋거나 우울할 때, 누군가가 그리울 때 마음의 움직임에 따라 노래를 부른다. 음악은 장단에 따라 신이 나기도 하고 슬픈 감정으로 변하기도 한다. 그 예로 우리나라 대표 민요 아리랑이 그렇다. 느리게 부르면 슬픈 노래가 되고, 빠르게 부르면 한없이 신이 난다.

옆 지기는 중저음의 목소리를 가졌다. 목소리를 봐서 노래를 잘할 것 같지만, 전혀 아니다. 지금껏 살면서 노래 한 곡조 끝까지 들어 본 적이 없다. 그는 노래를 주로 듣는 편이다. 어느 날 노래를 듣다가 볼을 타고 흐르는 눈물을 보았다. 제목은 〈잘 있거라 부산항〉이다. 그것은 마도로스들의 애환을 그린 노래이다. 궁금해서 왜냐고 물었더니 대답은 반전이었다. 느리고 긴 그의 이야기가 시작되었다.

배를 타기 이전의 일이란다. 고등학교 일 학년 때였다. 국방의 의무를 다하는 군인들이 월남전으로 떠난다는 뉴스를 듣고 조퇴를 했다. 학교를 나와 바로 향한 곳은 부산항 제3부두였다. 도착해서 느낀 상황을 이야기로 꺼내면서 목부터 멘다. 월남 파병군인들을 전송하기 위하여 항구는 인산인해였다. 그곳에 울려 퍼진 노래가 〈잘 있거라 부산항〉이었단다.

　선상에서 내려다보는 군인들의 마음을 헤아린다. 사랑하는 연인과 부모 형제들과 생생한 이별 장면이다. 전장으로 떠나는 그들이 타고 있는 해군함정에서 〈잘 있거라 부산항〉을 소리치며 부르던 광경을 생생히 기억한다. 그날의 애절한 이야기에 말을 잇지 못한다.

　아릿한 추억의 노래다. 남편은 평생 배를 탔다. 매번 부산항을 드나들면서 이제 가면 언제 다시 부산항으로 돌아올 수 있을까를 생각했을 것이다. 아무도 환송해 주지 않는 출항 때면 그의 가슴에 파월 장병들이 부르던 노래를 속으로 불렀을 것이다. 아직도 부산항 노래에 눈물이 날 만큼 아픔을 느낀다. 사랑하는 부모 형제들을 떠나는 파월군인과, 가족을 위해 돈 벌러 가는 남편의 마음은 마찬가지였을 것이다. 수시로 바뀌는 힘난한 바다에 대적하는 것이 어찌 전쟁에 비유되지 않을 수 있으랴.

　그의 마음을 미처 몰랐다. 다만 인명 피해 없이 무사고 35년 해상 생활을 마무리한 것에 만족하는 줄만 알았다. 산더미처럼 밀려오는 파도를 보면서 가족을 생각했던 그의 마음을 깊이 사유해 본다. 누가 알았으랴, 망망대해에서 느낀 외로움과 여태까지 말하지 않고 홀로 눈물 흘린 사연을.

　노래는 시간의 강을 거슬러 올라, 가장 외로웠던 순간을, 당신을 기어이 나에게 데려온다. 그 묵직한 중저음의 멜로디는 단순한 음률이 아니라, 청년의 서러운 이별과 35년 뱃사람의 고독이 봉인封印되었던 마음의 서랍이었다. 이제 나는 당신의 눈물에서 파월 장병들의 애환뿐 아니라, 가족을 위해 망망대해를 떠돌던 한 남자의 침묵沈默을 읽는다.

  삶은 때로 험한 파도 같고, 노래는 그 파도를 견디며 홀로 불렀던 고독의 헌사獻辭였으리라. 비로소 당신의 전부를 이해하게 된 이 순간, 나는 더 이상 '돌아왔다 부산항에'를 부르지 않는다. 다만 그 깊은 침묵을 품에 안고, 잔잔한 파도처럼 당신의 곁을 지킬 뿐이다.

상전벽해 桑田碧海

   오랜만에 고향을 찾았다. 아들의 여름휴가에 따라온 호텔 숙박권 한 장이 나를 고향으로 이끈다. 마음은 벌써 오래전 어린 시절을 보냈던 마을로 달려간다. 하지만 바닷가에 도착한 나는 눈앞에 펼쳐진 광경을 낯설게 바라볼 수밖에 없었다. 정 붙이고 살던 집의 흔적은 오래전에 사라지고, 세월에 누운 터만 덩그러니 남았다.

   동네 풍경은 상전벽해였다. 먼 시간을 지나 찾아온 고향은 아는 사람 드물고, 이미 낯선 모습으로 변해 있었다. 언제나 반기던 사촌 오빠 부부도 이미 세상을 떠나고 없으니 가슴만 시리다. 담을 사이에 두고 웃음소리가 오가던 집들은, 그림자처럼 사라지고 빈집만 바람에 신음한다. 동네 앞, 문전옥답은 모두 남새밭으로 변해 있고, 듬성듬성 솟아오른 건물들은 기억의 자리에 끼어든 이방인 같다.

   바닷가로 눈을 돌리니, 지금쯤이면 멀리 멸치 배에서 들리던 후리 소리는 이미 사라졌고, 양식장과 차도에 밀려 바다는 좁아져 있었다. 그 풍경은 결국, 이익과 편리 앞에서 옛 자리를 잃어가는 우리의 삶과 닮아 있었다. 동네 끝으로 이어진 바닷가엔, 양식장의 부유물인 스티로폼과 산더미같이 쌓여있는 굴 껍데기와 작업장이 끝도 없이 이어져 있다. 내 마음속 바다는 사라지고, 생산과 생계를 위한 바다로만 남아 내 마음이 씁쓸하다.

아쉬움을 뒤로하고 발길은 모교를 향했다. 내가 처음 글자를 배우고, 구구단을 더듬던 곳, 학교는 여전히 학생들로 살아있다. 늘어난 교사校舍와 교실이 그 증거였다. 그러나 못내 아쉬운 것이 있다. 운동장 가장자리를 지키던 굵은 플라타너스는 자취를 감추었다. 여름이면 긴 팔을 벌려 무심히 드리우던 그늘, 우리를 품어주던 거대한 양산같이 잎이 크고 푸른 나무였다. 그 아래에서 공깃돌을 굴리고, 고무줄을 넘으며 자지러지게 웃었던 것이 이제 기억 속에만 남아 있다. 그 시절 친구들은 어디서 살고 있을까.

운동장을 지키고 있는 평행봉, 모습은 다소 바뀌었지만, 그 시절을 증명하듯 여전히 그 자리에 서있다. 어린 날 치맛자락을 휘날리며 철봉에 매달리던 아이는 이제, 뿌리내린 나무처럼 흔들림 없는 어른이 되었으니 사라진 것은 나무뿐만이 아니다.

초등학교 여섯 해, 1박 2일을 시골과 가까운 용화산(미륵산) 일대로 여행을 간다고 했다. 경주에 가기를 바랐던 나는 실망하여, 논으로 나가 가을걷이를 하던 아버지를 도왔던 기억이 스친다. 세월이 흘러, 각 지방자치에서 높은 산에 케이블카를 놓는 것이 유행처럼 번졌다. 통영 케이블카와 루지가 명성이 높았다. 언젠가는 한번 가보리라 생각했다. 이제는 아들이 손을 내밀어 함께 산에 올랐다. 정상 전망대에서 내려다본 풍경은 장쾌하다.

건너편에 펼쳐진 통영 시내는, 어린 시절 내 눈에 들어오던 작은 집들의 모자이크가 아니다. 거리는 활기를 띠고 바다는 빛을 받아 반짝인다. 예전 통영은 그저 바람과 파도가 친구였지만, 이제는 사람과 건물이 바다와 뒤섞여 새로운 이야기로 만들어내고 있다. 시간은 이렇게 도시를 바꾸고 나를 바라보게 한다. 그때는 인구가 오만 명을 넘지 못한 작고 조용했던 도시 충무시였지만, 이제는 통영군과 통합하여 통영시로 바뀌면서 인구가 배倍 이상으로 늘어났다.

이젠 통영 시내는 바다를 끼고 활짝 펼쳐져 있다. 산에 올라 먼 곳을 바라보니 감회가 새롭다. 예전에 친구와 같이 갔던 제승당과 추봉도, 눈 아래 펼쳐진 영운리 앞바다는 가두리 양식장이 바람결에 일렁이며 다가왔고, 저 멀리 고향 앞바다와 거제대교 너머 바다까지 한눈에 들어온다. 평생 육지보다 바다 생활에 익숙했던 남편 또한 눈 아래 펼쳐진 바다를 보는 눈이 감회에 젖어있다.

통영에만 있다는 '다찌'라는 메뉴가 있다. 그 주변 바다에서 나는 해산물이 총집합한 것이란다. 바다가 있는 동네에서 자라 해산물을 좋아했던 나는 기대를 잔뜩 하고 갔지만, 아들이 미리 바비큐 행사에 예약을 해놨던가 보다. 그것도 처음 체험하는 것이라 관심은 갔다. 저녁 무렵, 숙소 마당에서 시작된 바비큐 파티, 해산물과 고기를 굽는 매캐한 냄새와 연기가 어우러진 가운데, 라이브 가수들의 노랫소리가 바다 위로 퍼졌다. 폭죽의 불꽃이 하늘로 솟아오르자 바다는 잠시 축제의 장이 되었다.

언제 또다시 올지 모르는 고향이다. 다음 날 '다찌'를 대접하기 위하여 부근에 사는 형부를 모시러 갔지만, 여름 회는 잘못 먹으면 손해만 본다며 손톱도 안 들어간다. 그나마 형부가 좋아한다는 장어구이로 아쉬움을 덜었지만, 핑계 대고 다시 찾겠다고 다짐한다.

돌아오는 길, 산자락의 옛 밭이 눈에 들어왔다. 산등성이가 조상 대대로 이어온 집안의 땅이, 잡풀에 묻혀 산인지 농토인지 구분이 없다. 한 뙈기라도 논밭을 넓히려 돌을 골라내고 흙을 고르며, 대대로 이을 농지를 넓혀가던 아버지들의 땀은 잡초 사이에 묻혀 있다. 고향을 지켜야 할 젊은이들은 더 넓은 세상을 찾아 떠났고, 지금은 남아도는 땅을 지킬 이조차 없다.

1960년대였다. 근처 산을 깎아 바다를 메워 농토를 넓히겠다며, 바닷물을 막는 제방공사가 시작되었다. 지금은 테트라포드와 콘크리트로 그런 일이 쉬울 수 있지만, 그때는 그랬다. 사람이 통나무에 줄을 걸어 잡고, 여럿이서 구령을 맞춰가며 힘껏 올렸다 내려치기를 반복하여 땅을 다져 나갔다. 결국 '지경다지기'라 불리던 노동의 구령이 파도 소리를 이겼다. 그러나 너무 무모한 공사였을까. 무슨 이유였던지 공사는 끝내 멈추었다. 지금은 양쪽 수문水門에 무심한 바닷물만 하루에 두 번씩 달의 그림자 따라 드나들 뿐이다.

바닷물을 막아 땅을 넓히려 했었던 때였다. 훗날 현대중공업의 정주영 공법으로 개척한 서산 간척지 못지않은 만큼의 규모였으리라. 그 공사가 성공했더라면 이 지역의 지도를 바꿔 놓았을 것이다. 상전벽해라는 말처럼 세상이 너무 많이 바뀌었다. 그때 산을 허물어 오랜 세월을 두고 공사를 성공적으로 이끌었다 한들, 농지가 남아도는 이런 세월이 올 줄 그 누군들 알았으랴.

달라져도 너무 달라졌다. 세월 따라 고향 바다도, 땅도, 사람의 포근함도 사라지고 낯설기만 하다. 그 변화 속에서도 사라지지 않는 것이 있다면, 어린 날의 기억 속에 남아있는 우리들의 목소리다. 세상은 참으로 많이 변했지만, 변하지 않는 아련한 그리움이 있다. 상전벽해라는 말이 그래서 더욱 가슴을 울린다.

물길

길은 넓고 훤하게 뚫려있다. 코로나 19로 일 년 넘게 만나지 못한 친구들이 바람도 쐴 겸 나물 캐러 가자고 한다. 어린 시절 산으로 들로 봄나물을 캐러 다니던 생각이 새록새록 떠올라서 선뜻 응했다. 소녀같이 마냥 마음 설레며 가는 곳은 처음으로 가 보는 청도다.

얼마쯤 갔을까. 청도 매전면에 있는 봄나물이 가득한 곳에 도착했다. 이곳은 지인이 어렸을 때 여름이면 웅덩이에서 물을 퍼 올려야 했던 천수답이었다. 오랫동안 농사를 짓지 않으니 묵정밭으로 변해 온갖 봄나물이 저절로 생겨났다. 달래와 냉이 쑥 머위 등 오동통하게 갓 올라오는 새순을 보며 내 기억의 초입, 삶의 시작점이었던 시절을 되짚어 본다.

내 고향 통영에도 천수답이 있었다. 봄에 기다리던 비가 오지 않으면 쓰레질 한 번 못한 채 논농사를 포기하고 잡곡을 심었다. 그런 논이지만 적은 양의 비라도 내려 봇물이 터지면 아래 논으로 흘러들도록 물꼬를 열어 놓았다. 그럴 때는 저수지 아래 잘 구획된 논처럼 농사짓기가 훨씬 수월했다. 하지만 해마다 물이 귀해 애를 태우기 일쑤였다.

　천수답은 물 대기가 여간 어려운 것이 아니었다. 오뉴월 가뭄에는 물길을 열어 놓고 위에 있는 논에서 떨어지는 물 한 방울이라도 흘러들게 했다. 한창 곡식이 자라야 할 논에 물길이 막혀있으면 논바닥은 어느새 쩍쩍 갈라지고 벼는 타들어 가기 일쑤였다. 농부들은 벼를 살리려고 웅덩이의 물을 푸는 노역은 남녀노소 선택의 여지가 없었다. 누구라도 팔 걷어붙이고 나서야 했다. 한 해 농사가 풍작이 되고 흉작이 되는 것은 가족의 생계가 달린 문제이므로 물 대기는 치열할 수밖에 없었다.

　농사는 농부의 손길이 머문 만큼 결과가 달라진다. 몇 십 배의 많은 수확을 얻기도 하고 쭉정이만 남기기도 한다. 곡식은 농부의 발걸음 소리를 듣고 자란다고 말하는 이유이지 싶다. 초록의 물길이 일렁이는 논두렁을 오가는 농부의 미소에는 푸근함과 넉넉함이 있다. 농사는 힘들지만 남과 나눌 수 있는 것이 농사꾼의 미덕이라고 부모님은 말씀하셨다. 애써 지은 농사인지라 한 톨의 낟알도 허투루 여기지 않았다. 나 역시 소중한 땀방울의 결실이기에 지금도 한 알의 곡식도 허투루 보지 않고 귀히 여긴다.

　어느 해, 아버지는 자식들이 사는 부산에 다녀오셨다. 오순도순 사는 모습이 괜찮아 보였던지 흡족해하며, 다음에는 막내인 나를 데리고 가겠다고 했다. 급성 간염이 왔던 것일까. 그곳을 다녀온 후 얼마 되지 않아 시름시름 몸져누우셨다. 책만 아는 선비였던 큰아버지의 일손까지 대신했던 아버지는, 조부님을 도우면 배운 것이 농사였지만, 더는 농사에 손을 댈 수 없을 만큼 쇠약해져만 갔다.

아버지는 덕석을 짜도 좁쌀 하나 새지 않을 만큼 손끝이 매웠다. 그런 아버지가 쌓은 웅덩이의 돌도 빈틈없이 조밀했다. 우리 논에는 물웅덩이가 두 개 있었다. 한쪽의 웅덩이는 작지만 계단이 없어 물푸기가 무척 불편했다. 그에 비해 큰 웅덩이는 물을 퍼 올리기가 훨씬 수월했다. 물을 퍼내는 위치와 논두렁의 높이까지 맞춰 물이 잘 흐르도록 알맞은 자리에 층층이 돌계단 발판을 해 놓았다.

막내아들 것이라며 정해 놓은 논배미가 층층이 있었다. 여름 가뭄이 들면 하고 싶은 공부보다 웅덩이 물을 퍼 올리는 것이 미룰 수 없는 나의 일과였다. 큰 웅덩이에 들어가면 내 눈은 웅덩이 돌담과 마주할 만큼 깊고 넓었다. 적당한 거리에서 어깨너비만큼 다리를 넓혀 안전한 자세로 서서 허리가 휘청하도록 퍼 올렸다. 바가지의 물은 쏴아 소리 내며 논바닥의 물길을 열었다.

한여름 웅덩이 안은 생각 이상으로 시원했다. 땅 밑에서 솟아오르는 찬물이 있어 그럴 게다. 그것을 다 퍼내고 나면 내일 아침

이면 밤새 물을 흡수해 버린 윗논에도 물을 올려야 했다. 해도 해도 끝이 없는 농사일이지만, 부지런해야 풍작을 기대한다.

  층층이 쌓아 올린 돌담 사이에 갇힌 물길은 깊었다. 물은 돌 틈 사이에 어디까지 숨었는지 퍼내고 퍼내어도 제자리인 듯 좀체 줄어들지 않았다. 인내의 한계가 오면 지루함을 달래기 위한 물바가지와 놀이를 했다. 하나, 둘 숫자를 세어가며 물을 퍼 올렸다. 옆 논의 할아버지는 물 푸기가 힘에 부친다며, 남은 것은 내일 해야겠다며 일찌감치 집에 들어가셨다. 빈 들에 혼자 남아도 손이 닿는 논까지 물을 보내야 하는 나의 물바가지 놀이는 그치지 않았다.

  삼복더위가 한창일 때였다. 행색이 초라한 노인이 물소리를 듣고 왔다며 물을 좀 얻어 마실 수 있겠냐고 물었다. 돌 틈 사이의 물이 일렁거려 마실 만큼 맑지 않다고 하니, 이 세상에 물 씻어 먹는 나라는 없다며 벌컥벌컥 들이켰다. 잘 마셨다는 인사까지 하며 논둑으로 가려고 했다. 그쪽은 길이 없다고 했더니 가다 보면 길이 나온다며 성큼성큼 걸어갔다. 길을 걷다 물을 찾아온 그 나그네는, 세상 어디에도 길이 있다는 것을 나에게 알려주려 느닷없이 나타난 것은 아니었을까.

  70여 년을 살아보니, 이 길이 끝인가 싶을 때도 있었다. 굽이마다 고개를 넘다 보니 새로운 길이 나왔고 그 길의 끝은 늘 열려 있었다. 이제 어제가 오늘 같고 오늘이 어제 같은 그저 그런 날이지만, 내일은 항상 열려 있어 희망을 잃지 않는다. 힘든 일이 있을 때마다 여운으로 남아있는 나그네의 그 말을 되새긴다. 지나온 세월을 돌이켜 보면 문제가 해답을 품고 가르침을 주는 기억들도 있으니, 문제의 길은 언제나 해답의 다른 이름이었다.

  때로 삶의 길이 막힐 때도 있었다. 그럴 때면 그때의 나그네처럼 겁내지 않고 성큼성큼 내 길을 찾아 나섰다. 공부할 시기를 놓쳤던 나는 중어중문학을 전공하는 만학도가 되었다. 그러다 보니 공부하는 즐거움을 느낄 겨를도 없이 학점 따기에 급급했다. 삶의 매 순간 느끼고 깨달으며 인생 수업을 다시 시작한 듯했다. 다시 인문학의 길을 걸으며 잊혀가는 것들에서 더 많은 것을 깨닫는다.

  웅덩이의 작은 물도 흘러가는 길이 있기에 썩지 않는다. 잠깐 머무름 속의 청정함이 참으로 맑고 곱다. 세차게 흐르던 물도 머물 곳이 있으면 잠시 쉬어 가기도 하고, 가는 길이 막히면 돌아서 가기도 한다. 멈추지 않고 가장 낮은 곳으로 향해 가다 하나가 되는 물길 같은 삶이 내가 바라는 남은 삶이 아닐까 싶다.

비워내기

   벤치에 앉아 온천천을 본다. 엊저녁 퍼붓던 장대비에 시뻘건 물이 둑을 넘칠 기세더니 조용하다. 그 많던 빗물이 밤새 수영강으로 흘러들어 해운대 바다가 넓은 품으로 안아 들였나 보다. 날이 밝으면서 수위가 훌쩍 비워진 것을 보니 마음이 홀가분하다. 비우고 채워지는 일이 어디 물뿐이겠는가.
   흐르는 물을 보며 생각에 잠겨있었다. 날씬하고 미끈한 물체가 움직이더니 별안간 물이 더 흐려졌다. 잠겨있는 수초가 부산스럽게 흔들리는 곳을 보니 흙탕물을 일으킨 것은 다름 아닌 수달이었다. 온천천에 수달이 있다는 말은 들었지만, 직접 눈으로 보기는 처음이다. 한 번 더 보고 싶었지만, 귀한 동물을 볼 기회는 다시 주어지지 않았다. 야행성인 수달은 엊저녁 세찬 물살에 먹이를 구하지 못했나 보다. 급류보다는 오히려 흙탕물에서 먹이를 구하는 편이 쉬울지도 모른다.
   "미꾸라지 한 마리가 구정물을 일으킨다."라는 말이 있다. 빗나가고 어긋나는 사람을 빗대어 하는 말이지만, 사람마다 생각이 다를 뿐이다. 미꾸라지는 응당 흙탕물에서 필요한 영양분을 섭취한다. 바닥에 가라앉아 있는 흙탕물도 물의 한 요소가 아닌가. 수면 위로 떠오른 맑지 못한 물도 물의 모습일진대 용도에 따라 쓰임새가 다르다.

물도 청청하게 맑은 물, 오염되어 혼탁한 물, 대지를 씻어 내리는 흙탕물, 대기오염으로 산성이 되어 내리는 빗물, 같은 성질을 타고난 것이지만, 그 이름이 때와 용도에 따라 달리 불러진다. 도랑물이 모여 강을 이루고 그 강물이 바다로 흘러 들어가면 모두가 아우러져 온갖 생명체를 키워낸다.

한나절이 지나니 물이 좀 맑아졌다. 팔뚝만 한 잉어들이 떼를 지어 헤엄치는 모습이 어슴푸레 비치는 하천변을 걸었다. 흐르는 저 강물처럼 내 내면에도 수시로 맑음과 흐림이 공존하는 작은 우물이 있다. 그 안에는 카멜레온처럼 변하는 욕심과 질투, 이기심과 분노가 웅크리고 있어, 호시탐탐 내 마음이 흐려지기를 기다리며 작은 일에도 파동을 일으킬 때가 있다. 그럴 때는 무시로 어르고 달래며 일어나는 흙탕물을 가라앉힌다.

늘 궂은 날만 있는 것은 아니다. 화창한 날에는 뿌리 깊은 마음 언저리에 자리한 사랑이라는 따뜻한 샘물이 솟아오른다. 이런 마음은 그냥 일어나지는 않는다. 길을 가다가 불쌍한 사람을 보거나, 텔레비전의 불우이웃돕기 성금을 모금하는 프로그램을 볼 때면 더욱 그렇다. 특히 소년 소녀 가장과, 나이가 들어 혼자 밥 먹고 생활하는 어르신을 보면 측은지심이 생긴다.

맹자는 "사람은 태어날 때부터 선하게 태어난다."라며 성선설을 주장했고, 순자는 "태어날 때부터 악하게 태어난다."라며 성악설을 주장했다. 아이를 낳고 기르다 보니 나는 맹자의 말에는 고개 끄덕여지지만, 순자의 말에는 고개가 갸웃해진다. 사람은 누구나 본바탕은 순수하니 인간은 태어날 때부터 악하지 않을 것이라는 생각이 지배적이다. 다만 날씨의 변화처럼 상황에 따라 악해질 수도 있을 것이라 여긴다. 하기야 사람마다 타고난 성품이 다르니 성악설도 틀린 말은 아닌 것 같기도 하다.

내 고향에는 들을 가운데 두고 마을이 마주하고 있다. 해가 질 때 산그늘 지는 음촌과 온종일 해가 내리비치는 양촌이 있다. 그 동네 사이에 있는 들 가운데는, 대리석같이 깎은 돌로 만든 정사각형의 우물이 있었다. 바닥에는 맥반석 같은 자갈이 깔려있고 우물 주변은 넓고 항상 깨끗했다. 쪼그리고 앉아서 양동이에 물을 퍼서 담는 야트막한 우물이었다. 바닥이 훤히 보이는 샘물은 언제나 깨끗해서 보고만 있어도 내 마음도 맑아지는 듯했다. 식수로 사용하는 물은 마을 사람들의 넉넉한 인심처럼 늘 넘쳤다.

반면 이웃 논두렁 돌담 밑에 작은 우물이 있었다. 그곳의 물은 비바람에 나뭇잎들이 우수수 떨어지기라도 하면 물때가 쌓여 허드렛물로도 사용하기도 어려웠다. 그럴 때는 누가 먼저랄 것도 없이 팔을 걷어붙이고 청소를 시작했다. 열대여섯 살 되는 아이들은 어른들의 칭찬에 힘든 줄도 모르고 자주 손을 맞추었다. 우물은 깊지는 않지만 쌓은 돌담을 딛고 내려가 솔로 이끼를 박박 긁어내고 물로 헹궈내면 맑음이었다.

 우물을 청소하는 것처럼, 사람 마음도 수시로 비워내기를 해야 한다. 모든 사람은 바탕이 선하고 맑다. 선한 마음을 지키기 위해서는 생활 속에서 쌓인 보이지 않은 불순물이 끼지 않도록 경계를 해야 한다. 젊어서 한때 내 안에 구정물을 비워내기 위한 수행을 시작했다. 어느 노스님의 말씀처럼 사람의 몸도 항아리를 닮아서 속에 든 나쁜 것은 납작 엎드려 엎어 부어야 한다고 했다.

 내 안에 쌓인 오물, 독毒을 걷어내야 했기에 삼천배에 도전했다. 평소에도 절을 한다고 했지만, 삼천배는 처음이었다. 부처님의 명호를 부르며 참회문을 따라 기도했다. 절 수행이 오래된 보살들은 마치 나비가 꽃밭에 내려앉듯 부드럽고 유연했지만, 초보자는 그렇지 못했다.

 한 번 엎드리면, 번뇌 하나를 지우기라도 하듯 절을 했다. 쉬울 거라는 생각은 하지 않았지만, 횟수가 늘어갈수록 일어설 수 없을 만큼 기운이 빠졌다. 경전을 따라 읽으며 시작한 육백 배拜를 하고 나니 잠시 쉬는 시간이 되었다. 일어서서 후들거리는 다리로 한 발자국 떼다가 그 자리에서 풀썩 주저앉고 말았다.

잠시 쉬었다 다시 용기를 냈다. 절을 하면 할수록 얼굴이 화끈거리며 목구멍까지 숨이 차올랐다. 그만둘까 하는 생각도 들었지만, 혼자서 낙오자가 되면 더 부끄러운 일이었다. 쓰러질 듯 지치고 힘들 때마다, 온화한 미소를 짓고 있는 부처님을 보면서 삼천배를 겨우 완주했다. 차츰 절 수행이 조금씩 수월해지기 시작했다. 마음의 오물을 걷어내기가 그리 쉬운 일이던가. 숱하게 자신을 낮춘 후에야 평정심을 찾곤 했다.

절 수행은 우물 청소 같은 것이다. 그 의미를 잘 모르는 친구는, 우상에게 절을 한다고 나무랐다. 절을 하는 것은 철저하게 나를 낮추고 비워내기이며 원만하게 살아가기를 나와 다짐하는 정화의 시간이라고 웃으며 대꾸했다. 절은 마치 내 안에 찌든 때를 벗기고 욕심과 성냄, 어리석음을 비워내는 오체투지의 정신 수행이다. 오직 하늘에 감사하고, 땅에 감사하고, 삼라만상에 감사하며, 일체가 원만하게 함께 살자는 의미이다. 바라보는 내 마음의 눈이 아름다우면, 대상을 보는 눈도 달라진다고 한다. 나는 과연 세상을 바라보는 눈이 맑아지기나 했을까, 마음이 너그러워지기나 했을까. 다만 모든 것이 차츰 아름답고 곱게 보이는 것이 나이 탓만은 아닐 터….

시나브로 맑아지며 흐르는 물을 바라본다. 젊어서 수행하는 내 모습이 그려진다. 밝고 맑게 살아보겠노라 다짐하던 것이 엊그제 같건만, 얼마만큼 비워졌는지 모른 채 애꿎은 세월만 탓한다.

회상

　남편은 바다를 떠난 지 오래다. 한창 외화벌이로 부산항을 넘나들던 그 시절이 그리운 것일까? 시간이 날 때마다 혼자서 자주 가는 곳이 있다. 젊은 시절 들고나던 부산항이 바라보이는 그곳은 부산역 역사驛舍이다.
　부산항을 한눈에 볼 수 있는 적당한 장소가 있었다. 얼마 전 문우들과 함께 탐방을 다녀온 곳이다. 탁 트인 전망에 한눈에 환하게 들어오는 부산항 일대는 오랜 시간을 거슬러 젊은 시절로 나를 데려갔다. 자연스레 남편이 떠올랐고 꼭 함께 오리라는 생각을 했다. 부산항 일대가 한눈에 들어오는 곳이 있다며 남편의 바다 바라기 안내를 자처했다.
　그는 나를 돌아보며 택시를 잡으려 했다. 걸음걸이가 시원찮은 나를 위함이었지만, 천천히 바깥 구경을 하고 싶다며 버스를 타자고 했다. 버스가 산복도로에 접어들면서 눈에 들어온 부산항은 수정산 자락을 에돌아 목적지에 가까워질 때까지 그의 시선을 사로잡은 모양이다. 느긋하게 부산항을 바라보기에는 안성맞춤이다.

흔들리는 버스의 차창 밖으로 오래된 주택들이 보인다. 그 풍경들은 갓 시집살이를 시작했던 시절로 나를 데려갔다. 어머니는 오후가 되면 질펀하게 늘어선 난전에서 이웃과 소통하는 것이 낙이었다. 시장에서 놀다 오면 저녁 밥상에 동네 소문도 심심찮게 반찬으로 올렸다.

옛 추억이 서려 있는 동네다. 시장 구경 좀 하고 쉬어 가자며 버스에서 내린 곳은 아리랑 고개였다. 범일동에서 나고 자란 남편은, 어릴 때 어머니가 장사 갔다 집으로 돌아올 때면 이곳에서 기다리곤 했단다. 번개시장이라고 불리던 시끌벅적했던 거리는 추억 속의 난전이 아니었다. 현대식으로 탈바꿈된 건물들은 웹툰 작가들의 그림으로 치장되어 이색적인 정취를 더했다. 일명 웹툰거리라 불리며 동구의 명소로 자리매김하고 있다.

시장통을 걷다가 당면 집을 찾아봤다. 시어머니가 즐기던 비빔당면, 대여섯 살이었던 손녀를 데리고 자주 가던 그 가게는 보이지 않았다. 그 시절 당면 가게 옆 난전에는 말솜씨가 뛰어난 수완 좋은 이웃 할머니가 있었다. 팔순이 넘었는데도 심심찮게 찾아오는 손님과 가격 흥정에 능하여 옷을 파는 재주가 보통이 아니었다.

남편이 귀국할 즈음이었다. 어머니는 눈에 띄어서 샀다며 예쁜 티셔츠 하나를 내밀었다. 인디언 핑크색에 연한 상아색 옷깃이

단정하게 붙은 면 티셔츠였다. 단돈 천 원 주고 산 싸구려 옷이라며 허드레로 입으라고 하셨다. 나는 그 옷을 입고 남편 마중도 갔고 아이들 학교 모임에도 갔다. 비싼 옷은 아니지만, 어머니의 마음이 느껴져 오래도록 아껴 입었다.

수십 년이 지나 다시 찾은 이곳, 아리랑 고개는 성북 고개로 번개시장은 성북시장으로 이름이 바뀌었다. 그뿐만 아니라 골목의 분위기도 달라졌고, 민둥산처럼 휑했던 햇두산도 증산공원으로 지명이 바뀌고 겉모습도 다르다. 새댁이었던 내가 백발이 되었으니, 누군들 시간의 흐름을 버틸 재간이 있었을까. 공원 입구에 옛 시절을 연상케 하는 벽화를 구경하며 시나브로 올라가다 보니 증산공원에 다다랐다.

푸르른 나무들로 단장한 도심 공원은 우리를 반겼다. 중간쯤 올라가니 증산의 유래를 적은 안내판이 보인다. 증산이라고 이름을 붙인 것은 부산 앞바다에서 보면 시루같이 생겼다고 해서 증산甑山이라고 불렀단다. 또한 가마를 닮았다 하여 부산이라는 지명이 지어진 유래가 있기도 하다. 임진왜란 때 왜군이 산에 성을 축조한 데서 유래되어 증성산이라 부르게 되었지만, 1986년에 건설부에서 지정 고시한 이름이 증산공원이라고 한다.

부산은, 지리적으로 일본과 조선을 연결하는 첫 관문이었다. 해안가에 있는 부산진성은 임진왜란의 첫 격전지가 되어 정발

장군이 전사한 곳이다. 일제강점기 때 증산을 깎아 부산진성 앞바다를 매립하며 원형이 훼손되었다고 전한다. 가까이 살아도 이제야 역사를 알게 된 것이 여간 부끄럽지가 않았다.

전망대에 올랐다. 부산항대교 너머에 해양 대학이 자리 잡고 있다. 그곳 조도에는 선박 관제 통제소가 우리나라에서 제일 큰 항구의 위용을 말하듯 늠름하게 서 있다. 남편도 저 관문을 수없이 통과했으리라. 그리하여 외화 벌이로 가족을 부양하고 나라 부강에도 한몫했을 것이다. 고개를 돌려 남편을 바라보니 먼 바다를 응시하며 깊은 생각에 잠겼다.

멀리 대연동 고개가 보인다. 눈으로 거리를 가늠해 본다. 남편은 대학생 때 육교에서 비를 맞고 구걸하는 사람이 있어 차마 발길이 떨어지지 않았단다. 지갑에 있는 차비마저 털어주고 추적추적 비를 맞으며 대연동에서 집까지 걸어왔단다. 정 많고 오지랖이 넓은 탓에 같이 살아오면서 성가신 일도 수없이 겪었다.

매축지라 불렀던 범일 5동도 눈에 들어온다. 예전에는 그곳에 적산 가옥과 마구간이 있었고, 좁은 골목길을 따라가 보면 온 동네가 함께 쓰는 공동 화장실이 있었다. 얼마 전 탐방을 가보니 동네 일부는 거리가 훤하게 정비되어 있었다. 재개발 구역이라 쾌적한 주거지역으로 탈바꿈했다. 눈 아래 보이는 2부두에서 3부두 사이 넓은 빈터에는 부산이 꿈꾸어 오던 오페라하우스 공사가 한창이다.

　해가 떨어지니 나무 그늘에서 쉬던 이들도 내려갈 채비를 한다. 장기를 두던 어르신 몇 분과 의자에 앉아 책을 읽으며 휴식을 즐기던 이만 남았다. 허약한 기력 탓인지 여름인데도 한기가 느껴져 팔을 문지르니 그만 내려가자며 남편이 앞선다.

　굽이굽이 아리랑 고개를 넘듯 굴곡 많았던 지난날이다. 되돌아갈 수 없는 외길에서 내 삶은 아슬아슬 위태로웠다. 울퉁불퉁한 고개를 몇 굽이나 넘었을까. 온갖 고난을 격은 뒤에야 툭 트인 평지가 보였다. 산에서 마을로 순식간에 데려다준 모노레일처럼, 이젠 우리에겐 편한 길만 남았으리라.

　숨 가쁘게 흘러갔던 세월이다. 지난 시절을 회상하며 뒤뚱거리며 걷는 내가 불안한지 남편은 내 어깨를 감싼다. 부담을 주지 않으려고 다리에 힘을 주어 부지런히 걸음을 옮긴다. 근육이 빠진 남편의 앙상한 팔뚝이 등에 닿으니, 새삼 코끝이 찡해진다.

그리고 가을은

누군가 나에게 물었다. "가을이란?" 대뜸 풍성한 계절이라고 대답했다. 그는 다시 다그치듯 물었다. 가을은! 나는 독서의 계절, 사색의 계절, 단풍…. 입안에서 오물거리다 꿈을 깼다. 글의 소재를 생각하다가 깜빡 잠이 들었든지, 간절함이 통했던 걸까. 꿈을 통해 답을 주었나 보다.

창문을 열어 건너편을 바라본다. 길 너머 보이는 아파트 뒤로 배산은 이미 단풍으로 물든 지 오래다. 그 위로 쪽빛 물감을 풀어 놓은 듯 파란 하늘이 펼쳐져 있다. 정오의 태양은 나뭇잎 사이로 촘촘히 들어선다. 한여름 무성하던 잎들은 다 어디로 가고 앙상한 나뭇가지에는 몇 남지 않은 잎들이 애처롭다. 길가에 수북이 쌓인 잎들은 바람 따라 이리저리 나부낀다. 옷깃을 여미고 바삐 오가는 젊은이들 사이로 한가로이 거니는 노인들의 발걸음이 무겁다.

나에게 가을은 풍요로움이었다. 가을걷이를 끝내고 그득한 곳간이 있건만 아버지는 논에 가서 벼 이삭을 주워오라고 했다. 이삭줍기가 싫은 우리는 그것 주워봐야 얼마나 되냐며 투덜대곤 했다. 벼 이삭 한 줌이면 배고픈 사람에게는 한 끼의 요기가 될 수 있다는 아버지의 말씀을 듣고부터는 이삭줍기를 거역할 수 없었다.

형제들과 두레 밥상에 둘러앉았다. 갓 찧은 햅쌀로 지은 밥을 먹고 배를 쓰다듬으며 일어서는 나에게 엄마는 당부했다. 주변에 배고픈 사람도 많으니 배부르다는 소리 하지 말라며 곱게 눈을 흘겼다. 아버지는 우리가 주워 온 이삭을 보태 어려운 이웃에 쌀을 보냈다. 지금 생각하니 작은 것이라도 나누며 살라는 은연중 가르침이 아니었나 싶다. 여유로운 살림은 아니었다. 소소하게 일어나는 집안의 작은 일들에서 나는 따뜻한 봄 햇살 같은 가을의 풍요로움과 베풂을 배우며 자랐다.

내 인생의 중반쯤에는 한여름 뙤약볕 같은 가을도 있었다. 내 안의 풍성함을 안고도 삶은 오뉴월 가뭄에 타들어 가는 논밭이었다. 내가 좋아하고 싫어하는 것들은 내가 선택할 수 있는 일이 아닌 것을 깨달았다. 오직 그어놓은 선 안에서만 운신해야 한다는 사실에 심한 갈증을 느끼며 살았다.

자식에게도 종종 타이른다. 사람은 좋아하는 일을 해야 재미가 있고 성과도 있다. 반면에 좋아하는 일이 있어도 하지 말아야 할 것과 싫지만, 꼭 해야 할 일도 있다는 인간의 도리를 가르친다. 딸은 결혼 적령기가 넘었는데도 미적거리고 있다. 아직 손자가 없는 나는 할머니란 단어는 설익은 감처럼 떨떠름하고 어색하다. 오곡백과가 무르익어 가는 계절처럼 나에게도 인생의 가을이 이미 왔는데도.

평생 상록수처럼 살고자 했던 한 사람이 있다. 그가 바로 남편이다. 인생의 가을이 되어서야 내 편이 되었다. 지나간 일은 관 속에 들어가기 전에 알아차리고 제자리로 돌아왔으니 다행이지 않느냐고 너스레를 떤다. 어쩌겠는가, 인생의 가을을 맞아 움직임이 유연하지 못한 나에게 손발 역할을 해주고 있으니 그나마 다행 아닌가.

잎이 무성하고 푸르렀던 시절, 집안 할아버지께서 동양사상을 이야기하며 공부를 권유하셨다. 뵐 때마다 노장사상과 주역을 자주 들먹였다. 그때는 동양자수에 심취해서 그 말씀은 안중에도 없었다. 배워놓으면 너에게 유익할 것이라는 말씀이 많은 세월이 지난 후에야 생각났다.

뒤늦게 알아차리고 생각을 달리했다. 늦은 나이에 공부해서 뭐 하겠느냐며 만류하는 이들도 있었다. 늦었다고 생각할 때가 가장 이른 때라고 대꾸했다. 돈벌이하고 연관이 있냐고 묻는 이에게는 늘그막에 좋아하는 것 하면 좋지 않겠냐고 답했다. 돌이켜 보니 참 잘한 선택이었다. 죽을 때까지 해도 모자랄 공부는 모든 인생살이와 연결되었다.

지금은 역학 공부를 하고 있다. 역학을 배우고 나를 알아가고 있으니 답답함에 속을 끓이던 마음도 편해진다. 행여 지난날 나처럼 살고 있는 사람이 주변에 있으면 도와주기로 마음먹었다. 인생살이에 큰 도움은 되지 못할지라도, 어려움에 처한 사람에게 따뜻한 말 한마디가 위안이 되지 않을까 싶다. 이 공부를 하고 깨달은 것은 젊어서 일어났던 모든 일들은 내 업보의 소치所致라는 것을 알아차린다.

햇발이 따스한 인생 오후, 이른 가을이었다. 한가로이 한자 공부하던 친구 다섯 명과 함께 급수1급을 땄다. 다시 인생 이모작을 위해 사범자격시험에 도전했지만, 결과는 모두 낙방이었다. 사범시험 합격은 한 번으로는 어렵다는 말을 실패한 후에야 들었다. 이에 실망하지 않고 이젠 한문을 배우겠다며 방송통신대학교 중어중문학과를 선택했다. 국문학을 전공하려다 친구 따라 강남을 간 셈이다. 번체자만 알았던 우리는 또 다른 문턱이 있다는 것을 미처 몰랐다. 새로 배우는 간체자와, 같은 글자라도 성조에 따라 뜻이 다른 중국어는 결코 쉽지 않았다.

쉬운 공부가 어디 있으랴만. 우리말인 국문학을 선택하지 않은 것을 후회도 했다. 말하기와 듣기 시험 때가 되면 긴장했다. 중문학을 공부하지만 중국어는 귓전에만 맴돌았다. 말도 마찬가지로 입안에서만 뱅뱅 돈다. 다행히 옛 시선詩仙들의 글을 대하는 것은 그중 더없는 즐거움이었다. 어려울 것 같았던 번역시험은 그나마 먼저 한문을 익혔던 것이 큰 도움이 되었다. 재미를 붙여 조 이삭에 매달린 참새처럼 끈질기게 학문에 매진했다. 국문학을 전공하지 못했어도 지금은 수필 공부를 하고 있다. 두 마리 토끼를 잡은 듯, 이 늦은 나이에 무슨 복인가 싶다.

촌음을 아끼며 하루하루를 보낸다. 공부라는 것은 자신을 위해서도 좋고 남을 위해 영향력이 미치면 더욱 즐겁다. 젊었을 때 동양자수에 몰입되어 서예를 배우지 못했다. 늦었지만 붓 펜을 들고 추구집도 따라 써보고 불경도 익힌다. 어쩌면 젊은 날 뙤약볕에 달궈진 고행이 성숙해 가는 가을까지 나를 이끌고 왔는지도 모르겠다.

인생의 가을을 맞고 보니 마음이 풍성하다. 세상이 넓어진 듯 나에게도 여유가 생겼다. 하고 싶었던 것을 깊이 감추어야 했고, 하고 싶지 않았던 일에도 억지로 마음을 실었던 젊은 시절은 가고 이제는 모든 것을 내려놓을 시기다. 그래도 나는 아직 못해본 것에 미련이 남아 학문의 열매가 알차게 익을 때까지 도전하고 있다.

등화가친의 계절이다. 학문과 함께 선인들의 가르침을 따라 마음의 양식을 쌓아가니 더욱 즐겁다. 이젠 누군가 '가을이란' 하고 다시 물어온다면 나는 서슴없이 대답할 것이다. 오곡백과가 영글어 가는 이 시점에서 가을은! "뭐든 시작하기 참 좋을 때이다."라고….

열정

　더워도 너무 덥다. 선풍기를 켜도 시원치 않고, 에어컨을 켰더니 팔다리가 너무 시리다. 이처럼 나이 드니 체온 조절도 쉽지 않다. 따뜻한 물로 샤워를 하려고 목욕탕에 들어간 순간, 미끄러지면서 문짝의 손잡이를 놓치고 엉덩방아를 찧고 말았다. 엉덩이뼈가 으스러진 듯 통증이 왔다. 순간 본능적으로 통증을 최소한 줄이려 엉덩이를 밀어 올렸다.
　그 충격이 얼마나 컸던지 찢어진 옷이 말해주었다. 119를 불러 병원에 가려니 동네가 시끄러울 것 같고, 별것 아닌 것으로 응급차까지 불렀다는 핀잔도 두려웠다. 한 밤 자고 나면 낫겠지. 아마 타박상 정도일 거야. 스스로 위로하며 하룻밤을 견뎠다. 시간이 지날수록 몸을 움직일 때마다 통증이 심해졌다.
　다음 날 병원을 가기 위해 집을 나섰다. 택시를 잡으려 해도 차가 없다. 태풍이 불어 119도 출동하지 못한다고 했다. 병원에 연락해도 긴급 차량이 없단다. 아들은 전날, 차를 회사에 두고 왔고 지하철도 멈춘 상태였다. 걸어가려 해도 세찬 비바람에 우산을 들 수가 없다. 이런 것을 머피의 법칙이라고 하던가. 마지못해 평소 별 소통이 없던 집에 염치 불구하고 전화를 했다. 잠시 머뭇하다 기다려 보라더니 그는 고맙게도 병원까지 태워 주었다.

차에서 내려 기어가듯 진료실에 올라갔다. 의자에 앉고 일어서기도 불편할 지경이었으니 엉거주춤 서 있었다. MRI를 찍어보니 척추 뼈 하나는 완전히 깨어져 버렸고 하나는 금이 갔단다. 시술하려면 일주일을 기다려야 한단다. 통증이 심하니 일각이 여삼추다. 의사는 잠시 상태를 보더니 모레 점심시간을 이용해서 시술해 주겠다고 한다. 눈빛이 맑은 의사가 아들처럼 믿음직스러워 안심이 되었다.

드디어 시술하는 날이었다. 골 시멘트 보강술이라는 척추성형이란다. 부분마취를 했다지만 숨이 멎을 정도로 아팠다. 의사는 시술하는 내내 말을 걸었다. 아마도 환자를 안심시키기 위한 배려였으리라. 잠시 후 병실로 옮겨져 진통제로 통증은 가라앉았지만, 움직임은 더 부자연스러웠다. 혹시나 시멘트로 붙여 놓은 것이 어긋날까 봐 병원 측에서 더 조심을 시켰다. 간단한 시술이어서 입원은 오래하지 않아도 되어 이틀 뒤 퇴원을 했다.

영락없는 일급 환자다. 앉지도 못하고 누워서 지낼 수밖에 없었다. 일어나려면 방탄복처럼 두꺼운 보조기를 입어야 하고 팥죽 같은 땀이 쉴 새 없이 흘렀다. 컴퓨터 앞에 앉기는 더더구나 어려웠고, 누워서 책을 들고 읽으려니 그것마저도 힘들었다. 몸이 불편하니 짜증만 늘어갔다. 가벼운 핸드폰으로 의료 프로그램을 찾아 필요한 내용만 보며 스스로 달랠 수밖에….

한 달여 전에 모 대학 평생교육원에 등록을 해 놨다. 개학 날짜는 다가오는데 이 모양으로 가야 하나 말아야 하나 고민 중이다. 오랜 기간 누워만 있으니 다리의 힘도 빠진 듯 걸음걸이도 시원찮다. 아들이 사준 실내 자전거가 있지만, 보조기를 하고 앉으려니 엄두가 나지 않는다. 안타깝게 바라보던 딸이 러닝머신을 사주었다. 엉거주춤한 자세지만 그것을 사용하여 움직여야 학교라도 가겠다는 생각에 용기를 냈다.

드디어 개학날이 되었다. 방탄복 같은 보조기를 입고 등산 스틱을 쥐고 뒤뚱뒤뚱 오리걸음으로 걸었다. 영락없는 패잔병 모습이다. 길에서 만난 이웃이 그 몸으로 어디 가냐고 물었다. 수필을 공부하러 간다고 하니, "아~ 그거!" 한다. 책은 일 년에 한 권도 안 읽는다던 그가 그나마 내 글을 읽었다 하니 감사한 일이지만, 그의 말은 오리무중, 좀 의아스럽기도 하다.

첫 강의 시간이다. 카리스마 넘치는 P 교수님의 열띤 강의는 글 쓰고 싶은 마음으로 가슴 설레게 한다. 카랑카랑한 목소리는 귀에 쏙쏙 들어온다. 몸이 아프다는 핑계로 오지 않았더라면 크게 후회할 뻔했다. 글 실력은 욕심을 따라주지 않지만, 머지않아

꽃이 피고 열매 맺을 날이 꼭 올 것이라 믿으며, 그날이 올 때까지 꾸준히 이 교정에 내 발자국을 남기며 배우리라 다짐한다.

문우들의 잘 쓴 책을 읽어보면 부럽기만 하다. 아무리 따라가고 싶어도 마음처럼 되지 않는다. 세월이란 치료약을 보탤 수밖에 없다. 글을 쓰지 않는다고 나무라는 사람은 없다. 누군가 알아주는 사람도 없고 글로 돈이 될 것도 아니지만, 글을 한 편 마무리하고 나면 최상급 영양제 한 병 맞은 듯 힘이 불끈 난다.

늦게 배우기 시작한 글이다. 글 한 편을 쓸 때마다 파를 송송 썰어 넣은 조개탕을 들이마신 듯, 속이 후련해지는 느낌은 무슨 까닭일까. 웅크리고 살아온 삶의 여정을 풀어내듯 가슴을 열어 토해내는 나만의 독백이 나의 글밭을 무성하게 만든다. 신변잡기라고 남들이 뭐라 해도 개의치 않는다. 누군가는 신변잡기라고 말할 때, 문학이 신변잡기에서 시작되지 않았다면 어디에서 왔단 말인가 하고 대꾸하고 싶었다. 남이야 뭐라 한들 생각이 날 때 한 줄의 글이라도 남기고 싶다.

내 일생 한 권의 책이라도 남기면 여한이 없겠다. 그러려면 글에 힘이 있을 때, 기를 쓰고 배우고 열심히 써야 한다. 늘그막에 글공부만큼 재미난 게 없다. 사람마다 살아가는 방식도 취미도 다르니 그 힘든 걸 왜 하느냐고 타박하는 사람을 탓할 바는 아니다. 죽을 때까지 해도 모자라는 것이 공부라고 하지 않는가.

옛말에 늦게 배운 도둑이 밤새는 줄 모른다는 말이 있다. 처음 어설프게 시작했지만 나는 쉼 없이 글공부에 취하고 싶다. 너무 늦은 감도 없지는 않다. 이 나이에 이것이라도 끈질기게 붙들지 않았다면 나는 지금 무엇을 하고 있을까. 예전처럼 친구를 자주 만나는 것조차 쉽지 않고 혼자 여행하기도 어려운 나이다. 그나마 정해진 날, 정해진 시간에 여러 문우들과의 만남은 나의 정신세계를 한 나이 젊게 한다.

오늘도 걷는 연습 중이다. 방탄복 같은 보조기를 입고 오리처럼 뒤뚱거린다. 육체의 시간은 이미 굽어지고 느려졌으나, 글을 향한 나의 마음은 여전히 젊은 속도로 전진한다. 이 어설프고 느린 걸음이 글을 쓰는 순간 멈추지 않는 필력筆力이 되어 나를 이끌고 있음을 안다.

생의 해거름에서 비로소 깨달은 이 배움의 열정이야말로, 무너진 뼈를 시멘트로 다시 엮듯 흩어진 존재의 조각들을 모아 단단하게 빚어내는 삶의 마지막 성형술이다. 넘어졌던 그 자리에서 다시 한 줄의 문장으로 나를 일으켜 세우며, 나는 오늘도 가장 환한 불을 켠 채 다음 문단을 향해 나아간다.

약속

텔레비전 화면이 시끌벅적하다. 채널을 돌리다 한곳에 눈이 꽂힌다. 몸에 쫙 달라붙은 옷을 입고 연방 땀을 훔치며 기구를 사용하여 운동하는 젊은 여인들의 모습이다. 달리고, 구르고, 몸을 좌우로 비틀기도 하는 것이 부럽기도 하다. 티 안 나는 집안일에도 동분서주하니 짬도 나지 않지만, 일흔 줄에 든 내 몸으로는 언감생심이다.

다이어트로 잘 가꾼 여인은 가냘픈 몸매다. 내 몸무게 절반도 안 되는 듯하다. 몸무게 33킬로가 나간다는 아가씨는 너무 가냘픈 몸인데도, 비지땀을 흘리며 운동을 한다. 먹을 것만 줄여도 몸무게를 줄일 수 있다며 작은 접시의 반의반 샐러드만 먹는 아가씨도 있고, 무조건 굶어야 한다며 영양제만 한 움큼 먹는 여성도 있다. 부작용은 없을는지 은근히 걱정된다. 그들을 걱정하는 나는 오히려 몸무게가 넘쳐 부작용이 많다. 신기한 듯 마른 몸매들을 바라보다, 나도 저 나이에 다이어트하지 않아도 날씬한 때가 있었지 했다. 하지만 한번 들어찬 무게는 쉽게 빠져나가기도 힘들지만, 나갔다가 다시 자리 잡기가 일쑤다. 아무리 애써도 다이어트만큼 자신이 없어 포기한 지 오래다.

　시청하던 방송을 끄고 잠시 방 안에 들어왔다. 아버지보다 훨쩍 커버린 아들을 남편이 안고 잠이 들어 있다. 직장 일로 타국 생활을 하며 가족을 책임져야 했던 남편이다. 살아온 생활환경은 달랐지만, 아들과 그는 외국 생활의 힘들고 외로웠던 시간을 잘 이해한다는 듯, 숨소리조차 내지 않고 단잠에 빠져있다.

　사십여 년이 가까운 젊은 시절이었다. 아들을 출산한 후 몸무게가 부쩍 늘었다. 2년여 만에 귀국하는 남편 마중에 입고 갈 마땅한 옷이 없었다. 직접 디자인하여 옷가게를 운영하는 올케에게 가서 의논했다. 돈이 좀 들더라도 입기 편한 니트를 사는 것이 좋겠다고 넌지시 내 몸 편을 들어준다. 올케와 나는 J 모직에 갔다. 직원이 권유한 옷 한 벌을 입어보니 말 그대로 안성맞춤이었다. 몸이 좀 줄어도 늘어나도 불편하지 않은 옷이었다. 앞뒤를 재고 말고 할 여유가 없었다. 겁도 없이 남편 월급의 한 귀퉁이를 잘라 옷 한 벌로 저지르고 말았다.

　남편을 마중 가는 날이었다. 순모 니트를 입을 시기는 좀 빠른 계절이었지만, 몸에 맞는 새 옷을 입었다는 것에 만족했다. 아들이 태어나 처음으로 아빠를 만나는 곳은 김포공항이었다. 전화로만 듣던 귀에 익은 목소리가 들리자, 걸음마를 뗀 지 얼마 안 된

아들은 아장아장 걸어가 아빠에게 폭 안겼다. 핏줄이란 게 이런 것인가 싶었지만, 그것도 잠시였다. 집에 도착하자 아들은 작은 엉덩이로 아빠를 밀어내며 엄마의 보초병이 되었다.

남편의 눈치를 살폈다. 평소 무엇이든 근검절약이 몸에 밴 그였기에 더욱 조심스러웠다. 그동안 남편이 외국에서 일해서 모았던 돈을 차곡차곡 저금한 통장을 내밀었다. 월급 통장에서 훌쩍 빠진 돈은 옷을 샀다고 이실직고했다. 그 순간 눈이 휘둥그레지며 말없이 마당으로 나가려는 남편의 입을 막았다. 옷 한 벌에 기십만 원의 돈을 쓴 아내의 씀씀이에 기가 찼던 모양이었다.

험난한 파도를 견디며 보금자리에 돌아온 남편이다. 아이를 낳고 갑자기 늘어난 몸피를 감쌀 옷 한 벌이 없었던 사정과, 니트는 유행을 타는 옷이 아니니 환갑까지 입을 수 있다며 그에게 약속했다. 그런 일이 있은 후 그 옷은 중요한 행사 때마다 입는 단골 복장이 되었다. 편하고 만만하게 입을 수 있는 유일한 내 외출복은, 아이들 유치원 입학부터 대학 졸업식에도 빠짐없이 보란 듯이 입고 나섰다.

이사를 하고 이웃들을 만났다. 그들은 남편더러 시동생이냐고 물었다. 웃으며 남편이라 대답하니 멋쩍어하며 시동생을 데리고 같이 사는 줄 알았단다. 불어난 몸피가 내 나이보다 더 보였던가 보다. 몸무게가 조금씩 불어나자 몸이 이곳저곳이 아팠다. 운동과 함께 다이어트를 다시 시작했다. 운동을 열심히 하니 몸무게가 몇백 그램 줄어도 몸이 가벼워졌다는 느낌은 아마 기분 탓일 게다.

나선 김에 더 다져 마음먹었다. 단학수련 삼 개월여 만에 십여 킬로그램 이상이 빠져나갔다. 누가 봐도 눈에 띄게 몸피가 줄어드니 날아갈 듯 가벼웠다. 재미를 붙여 평생회원에 등록을 하고, 저울 눈금을 조금이라도 줄여 보려고 안간힘을 쓴 탓에 시원찮던 무릎에 문제가 생겼다. 운동을 너무 격하게 했었나 보다. 잠시 쉬었다 운동을 다시 시작해 보았지만 저울 눈금은 야속하게도 원래의 위치대로 되돌아갔다. 그러구러 원했던 몸무게는 다시 찾을 수 없게 되니, 그것은 그리움이 되었다. 나이만큼 불어나는 몸무게를 어쩌지 못하고 오르락내리락 날마다 저울과 전쟁이다.

나도 저런 때가 있었는데 되뇌며, 예전 사진첩을 들여다보니 청바지를 입고 한쪽 끝에 서서 선머슴처럼 폼을 잡고 있다. 그때는 여자가 키가 커도 흠이었고, 청바지를 입어도 흉이었기에 사진을 찍을 때면 뒤쪽 아니면 살짝 숨은 끝자리가 내 자리다. 젊었을 때는 굽 높은 구두도 마다하지 않았지만, 이제는 운동화가 편한 나이다. 나이 따라 세월도 빨리 달린다더니 그 말이 실감 난다. 한 달을 풀어놓으면 쏜 화살처럼 빠르게 스쳐 달아나는 시간에, 생각과 행동이 느린 나는 종종걸음으로 사계절 따라가기도 바쁘다.

옷의 환갑은 몇 년일까. 남편에게 니트 한 벌은 내 환갑까지 입겠다고 약속했지만, 강산이 네 번째로 치닫고 있다. 무엇이든 편하게 쓰고 버리는 시대이다. 지인들이 한마디씩 거든다. "당신처럼 옷을 입으면 옷 장사들 굶어 죽겠다."라고 하지만, 나는 그 말을 칭찬으로 받아들인다.

남편과의 약속도 중요하지만, 더 중요한 건 옷이 버려지면 쓰레기로 변한다. 지구 환경을 위해서 더 오래 입자는 것이 옷에 대한 나의 소신이다. 내가 입을 수 있을 때까지 입고 못 입으면 실을 풀어 목도리나 장갑을 짤 생각이다. 그렇게라도 더 오래 사용하면 할수록 불로 태울 것도, 땅에 묻을 일도 늦춰진다.

지구 온난화로 북극의 빙하도 반 이상 녹아내린 지 오래다. 자연 환경이 파괴되면서 날씨도 예전 같지 않다. 사계절이 뚜렷하지 않고 간절기가 없어지면서 그 옷도 입을 기회가 줄어들었다. 과학이 발전하고 살기가 좋아지는 만큼 지구는 병들어 가고 있다. 내가 입고 버린 옷이 많은 생명체를 아프게 해서는 될 일이 아니다.

불어난 몸 탓에 엉겁결에 산 옷이지만, 오래도록 장롱 속을 지키고 있다. 환갑까지 입겠다고 약속한 니트 한 벌을 입고 집을 나선다. 의류 업체들은 유행을 부추기며 신상품을 자꾸 만들어 내기 바쁘지만, 내게는 여전히 오래된 니트 한 벌이 최고다.

이것, 나 주소

 온 동네를 울리는 엿장수의 가위 소리! 그의 복장 또한 예사롭지 않다. 진한 화장과 화려한 옷을 입고 마이크 소리를 높인 그의 목소리는 여자인지 남자인지 가늠하기 어려웠다. 하지만 통통하고 먹음직스러운 엿을 보자, 그 자리에서 발걸음이 멈추었다.
 옛날에는 '찰그랑찰그랑'대는 가위 소리만으로도 엿장수임을 알아챘다. 하지만 요즘의 엿장수는 가위 소리 외에도 다양한 음색과 신명 나는 장단으로 손님을 불러 모으는 재주가 남다르다. 노래로 사람을 모이게 하는가 하면, 장구와 북소리 장단에 모여든 구경꾼들도 덩달아 흥을 돋게 만든다.
 방앗간 참새처럼 그냥 지나칠 수 없다. 고소한 참깨를 잔뜩 붙인 깨엿과 몸을 오동통하게 불린 땅콩엿, 맨몸을 드러낸 하얀 가래엿, 먹기 좋게 가위로 톡톡 쳐 잘라낸 조각 엿도 팩에 들어있다. 먹음직스러운 땅콩엿 세 개를 들고 만 원을 지불했다. 그러자 엿장수는 천 원짜리 한 장을 내밀었다. "거스름돈이 잘못된 것 아니냐?"라는 질문에 들은 척도 하지 않는다. 옆에 있던 구경꾼이 옆 가게와 가격이 다르다고 한다. 돈을 줬으니 엿을 제자리 갖다 놓기는 이미 늦었다. 어쩌랴. 옛말이 엿장수 마음대로라 했으니 가위 소리뿐이랴….

내 고향에는 야트막한 산에 언덕배기가 있었다. 솔바람이 시원한 여름이면 지나는 사람마다 한숨 돌려 쉬어 가는 장소였다. 무더위가 기승을 부리던 날, 큰오빠가 외출 갔다 오던 길이었다. 그날따라 그곳엔 사람은 없고 젊은 엿장수가 땡볕에서 망연자실하여 앉아 울고 있었단다.

자초지종을 물으니, 한 무리의 청소년들이 내려와 엿판을 에워싸더란다. 그중 한 아이가 엿을 사겠다고 하자, 엿장수는 기분이 좋아 찰그랑대는 가위 소리에 맞춰 엿을 떼어주었다. 그것을 받자마자 재빠르게 도망을 가는 아이를 잡으러 가는 사이, 옆에 섰던 아이들이 엿판을 통째로 들고 산으로 줄행랑을 쳤다고 했다. 당돌하고 발 빠른 아이들을 따라잡지 못한 엿장수는 너무 어이가 없고, 분통이 터져 가슴을 칠 수밖에 없었으리라.

세 동네가 만나는 길목이다. 어느 동네 아이들인지 알 수 없었지만, 한동네 아이들의 짓임은 분명했다. 배고파서 한 짓이려니 생각하고, 마을의 어른으로서 엿 한 판 값을 치러 줬다고 했다. 철없는 아이들이 한 짓이니 이해하라며 엿장수를 다독거려 돌려보냈다. 누구의 소행인지 굳이 밝혀내려 하지 않았지만, 어른들의 눈치를 보며 피해 다니는 아이들이 몇몇 눈에 띄어, 엿장수를 울린 범인이 누군지는 짐작할 수 있었다고 했다.

며칠 뒤, 하굣길에 대문 앞에서 그 엿장수를 만났다. 오빠에게 인사하러 왔다가 집에 사람이 없어 기다리다 돌아가려던 참이었단다. 얼마를 기다렸을까. 누런 밀가루 포대 종이에 싸 온 엿은 이미 녹아 철퍼덕 달라붙어 있었다. 오빠의 주머니에서 돈은 나갔지만, 배가 고팠던 나는 종이를 떼어 가며 야금야금 그 엿을 혼자 먹어 치웠다.

먹을거리가 귀하던 시절이었다. 동네 엿장수가 오면 여축없이 아버지는 그를 불렀다. 한참 동안 집 안 구석구석을 뒤져 신다 버린 헌 고무신짝과 자루가 빠진 농기구, 낡아 바닥난 냄비, 모아놓은 긴 머리카락 등을 찾아 나온다. 동네에 여러 엿장수가 왔지만, 아버지는 유독 '나 주소'라는 별명이 붙은 그분을 불렀다. 비슷한 연배이기도 했지만, 고물을 달라고 하는 그의 "이것, 나 주소."라는 투박한 말 한마디에서 아버지는 친근감을 느꼈나 보다. 고맙다며 때론 옥수수 튀밥도 덤으로 주었다.

추억이 서려 있던 옛집이 그립다. 건실하게 할아버지를 모시고 살림을 도왔던 아버지에게 산판의 굵은 나무로 새집을 지어 마련해 주셨다는 집은, 부지런한 언니들이 쓸고 닦아 마루청은 항상 반질반질했다. 부산으로 이사 올 때, 집을 탐내던 목수는 집

두 채를 반듯하게 자기 동네에 옮겨놓았다. 비록 보리밥을 먹었어도 배고프지 않고 온 식구가 살았던 집은 흔적도 없이 사라졌지만, 그 집에서 온 가족이 오순도순 머리 맞대고 살았던 추억만은 오롯이 살아있다.

입이 궁금했던 시절, 기껏해야 명절이 와야 떡을 찍어 먹는 조청뿐이었다. 조금만 뭉근하게 달이면 오래도록 먹을 수 있는 것이 엿인데도 늘 아쉬웠다. 엿은 지방에 따라 재료가 다르다고 한다. 그 지방의 특산품으로 자리 잡은 엿도 있다. 울릉도 호박엿, 충청도 무엿, 전라도 고구마엿, 옥수수가루로 만든 강원도의 황골엿, 제주도에서는 귀한 꿩과 닭으로 엿을 만든다는데, 호박엿 말고는 아직 먹어 본 적이 없다.

세월이 수십 년 흘렀다. 이미 내 머리엔 하얀 엿 가루 같은 서리가 내렸다. 추억의 먹을거리를 좋아하는 나는 아버지가 자주 사주시던 엿이며, 추수가 끝난 즈음이면 쌀값이 얼마인지도 모르면서 서리해서 바꿔 먹던 따끈따끈한 국화빵, 배고픈 하굣길에 지나칠 수 없었던 꿀맛 같은 호떡도, 여름이면 이웃집 오빠가 메고 다니며 외쳤던 아이스케키는 생각만 해도 군침이 돈다. 지금도 비슷한 것들이 있지만 예전에 먹던 그 맛만 못하다.

단체 야유회에서 엿치기 시합이 있었다. 말로만 듣던 것이다. 그 이름이 생소하여도 긴장감 넘치는 시합의 과정이 재미있다.

편을 갈라서 하기도 하고 일대일로 맞붙기도 한다. 엿치기 하나에도 우리 조상들의 해학적인 정서와 기발한 재치가 들어있어, 이웃과의 화합을 느낄 수 있는 놀이었다.

그리운 그 시절, 엿은 단순한 간식이 아니었다. 그것은 마음을 주고받는 정이었고, 서로의 고단한 삶을 위로하는 달콤한 위안이었다. 누런 종이에 녹아버린 엿 한 조각, 엿장수의 "이것 나 주소!"라는 투박한 말 한마디에 담겨있던 것은, 배고픔보다 더 컸던 따뜻한 인심이었다.

지금은 먹을 것이 넘쳐나는 시대다. 엿 치는 가위 소리도, 따뜻한 인심도 사라져 간다, 하지만 내게는 엿 한 조각에 담긴 끈끈한 정과 그리움이 여전히 남아있다. 그 엿가위 소리가 문득 그리워지는 오늘, 왠지 나도 모르게 외치고 싶다. 오늘은 시장에 가서 엿장수라도 만나고 싶다.

"그 시절을 돌이키며 이것, 나 주소!"라고.

2부

한글에 새겨진 우주

온기 가득했던 집

 아직도 그 집의 따뜻한 온기를 잊을 수 없다. 단 한 장의 약도에 의지해 찾아간 그곳, 진주 하 고약 집의 대문을 들어서는 순간, 마치 오랜 세월 잊고 있던 고향집에 돌아온 느낌이 들었다. 오빠의 심부름으로 갔던 그곳은 단순한 약방이 아니었다. 우리 가족에게 희망과 치유의 상징이었다.

 집 안에 들어서니 사람을 반기는 포근함이 남달랐다. 연세 지긋한 할아버지와 할머니가 계셨고, 그날은 평일인지라 다른 식구들은 보이지 않았고, 다소곳한 며느리인 듯 보이는 분이 같이 있었다. 방 안에 들어가니 방바닥에는 들기름 냄새 밴 반질반질한 장판이 깔려 있었던 것으로 기억된다.

 초행길에 집을 찾다 보니 미처 때를 피하지 못했다. 부엌에서 점심을 준비하는 소리에 슬그머니 빠져나오려 했지만, 어른들이 막아서는 바람에 다시 주저앉고 말았다. 잠시 후 밥상이 들어왔다. 이 집은 손님 접대가 여느 집과는 달랐다. 손님이 오면 반드시 어른과 겸상하는 것이 집안 전통이라고 했다.

내 나이 서른 살, 그 집 어른과 마주 앉기는 쑥스러울 나이다. 할머니와 함께 앉으려니 극구 말리셨다. 젊은 나이에 할아버지와 겸상했으니 수저 드는 것도 조심스러웠다. 점잖으신 어르신께서 자연스레 오빠 이야기를 꺼냈다. 이야기를 나누다 보니 어떻게 먹었는지 밥 한 그릇을 뚝딱 먹어 치웠다. 훗날 알고 보니 유도 선수로 이름을 떨친 하형주의 할아버지셨다.

오빠는 어려서부터 배앓이를 자주 했다고 한다. 이웃 할머니들이 배앓이에는 담배가 좋다고 권하여, 일찍부터 담배를 피웠다고 했다. 아버지는 궐련을 말아 피웠지만, 그리 많이 피우지는 않았다. 아버지도 오빠도 술을 전혀 못 하는 것은 아니었으나 살아오면서 술에 취해 허정대는 모습은 본 적이 없다.

큰오빠는 해군에서 8년을 복무 후 전역 후였다. 친구들은 저녁마다 불러냈다. 그때는 결혼하는 신랑 신부에게 축사와 답사를 써주는 것이 오빠의 일상이기도 했다. 어두운 밤길지만 훤히 눈에 익은 길이었다. 그날은 어쩐 일인지 오가며 두 번이나 자그마한 돌부리에 차였다는 것이다. 엄지발가락이 약간 아프기는 했지만 대수롭지 않게 생각했다. 그런 일이 있고 난 뒤 부산에 취직이 되어 직장 생활에 착실하여 상사들에게 신임도 두터웠다.

그의 나이 사십 대 초반이었다. 예사롭게만 생각했던 오빠의 발가락이 문제를 일으키고 있었다. 근무시간에 병원 다니기 눈치가 보인다며 잘나가던 직장에서 퇴직했다. 식구들을 건사하기 위해 호구지책으로 한약 건재상을 했다. 원래 베풀기를 좋아하고 남을 잘 믿는 성격이었다. 경험 없이 직원에게만 가게를 맡기고, 병원 출입이 잦았던 탓인지 결국 사업은 실패로 돌아갔다.

버거씨병, 듣도 보도 못한 생소한 병명이었다. 말초혈관이 좁아지며 괴사를 일으키는 질환이었다. 발끝에 상처가 생기면서 극심한 통증을 유발했다. 심한 경우 혈관이 괴사되어 팔다리를 절단하는 상황이 오는 무시무시한 병이라고 한다. 그것은 혈관을 좁히는 담배를 자주 피워서 오는 것이라고 했다. 무슨 병이든 오기는 쉬워도 낫기는 쉽지 않다고 한다.

오빠는 신경외과 치료를 받았다. 병을 치료하던 S 신경외과 원장님은 이병은 불치병이지만, 당신은 성품이 좋아 꼭 병이 나을 것이라며 호언장담했다. 그리하여 공기 좋은 첩첩산중으로 찾아들었다. 뼈를 깎는 듯하는 통증을 이겨내기 위한 선택이지만, 병에 차도가 없어 결국 집으로 돌아왔다. 보는 사람마다 가망이 없다는 눈치였다. 그러나 인연이 닿으면 묘약과 만날 수 있다.

지인의 소개로 진주 하 고약河膏藥 집을 알게 되었다. 이집은 지역에서 오랜 역사와 갖은 약재와 한약을 취급하는 곳으로, 특히 하 고약은 특유한 성분으로 염증과 독소를 효과적으로 없애는 독특한 성분을 갖고 있었다. 가족이 전통을 이어오면서 지역 주민들에게 건강과 관련된 서비스를 제공했다.

진주 지역은 조선시대부터 약재 거래가 활발했다고 한다. 이곳은 교통의 요지로서 함양, 산청 등 주변 지역의 자연환경 덕분에 자생하는 약초들이 모여드는 곳이다. 약초와 한약에 대한 지식이 축적되어 다양한 약재와 지식이 혼합되어 지역 발전에 이바지한다고 했다.

엄청난 고통을 하루하루를 버티며, 오빠의 일과는 기도와 고약으로 염증과 나쁜 균을 뽑아내는 치료가 병행되었다. 어느 날 깊은 명상에서 깨어난 오빠는 거짓처럼 통증이 가셨다고 했다. 그것은 기적이었다. 극심한 통증을 온 식구가 같이 이겨낸 그것을 누군들 쉽게 인정하겠는가. 기적은 체험해 본 사람만이 아는 것이다.

죽는다고 생각했던 사람이 살아났다. 곳곳에서 오빠 친구들과 지인들이 모여들었다. 그뿐만 아니었다. 집안 어른들도 자주 찾아와 문중에서 일어나는 소소한 이야기를 나누곤 했다. 날마다 찾아오는 사람들은 점심을 당연히 먹고 가야 하는 줄 안다. 한 달에 쌀 한 가마는 쉽게 나갔다. 원래 베푸는 것이 몸에 밴 것도 있지만, 그것은 오빠가 자주 갔던 진주 하 고약 집에서 대접받았던 것처럼 찾아온 손님에 대한 예우였다.

사람은 본 대로 자란다고 한다. 하형주는 유도 선수 시절 눈매는 매서웠지만, 운동하는 사람으로서의 행동이 훈훈해서 주변의 찬사를 많이 받았다. 그의 가족들이 풍기는 외향에서도 푸근함을 느낄 수 있었다. 그는 스포츠인으로 모교인 동아 대학교 교수로서 38년 동안 후배를 양성하며 스포츠 발전에 기여했다. 2024년에는 대한민국 스포츠 영웅으로 선정되어 국민 체육 공단 이사장이라는 명예로운 자리에 올랐다.

나는 하형주 씨를 만난 적은 없다. 내가 알아차린 가풍으로 보아서 인품 있는 양반 집안의 자재임은 확실하다. 그 가족은 전통적으로 약방을 운영해 왔다. 그곳은 진주 지역에서 오랜 역사를 가진 약재와 전통을 이어오면서, 지역 주민들에게 건강과 관련된 서비스를 제공하고 있다고 한다. 지금도 진주 하 고약은 지역의 중요한 문화유산으로 자리 잡고 있다.

할아버지를 보면 그 손자 됨됨이를 알 수 있다. 그것은 조상의 유전자일 수도 있겠지만, 어른들의 행동을 보고 자란 것일 수도 있다. 수십 년이 지난 지금, 그 집의 따스함은 여전히 내 가슴속에 깊이 새겨져 있다. 그 온기는 단순한 기억이 아니라 우리 가족이 함께 이겨낸 시련의 증거이다. 진주 하 고약 집 어른들의 모습이 오랫동안 기억에 남아 있다. 그것은 삶의 가치를 일깨워 주는 빛이었다. 그 따스함을 기억하며, 나도 누군가에게 그런 존재가 되기를 소망한다.

고백

　서투른 뭍의 생활이 시작되었다. 휘날리고자 했던 기백도 능력도 다 빠졌다. 탁 트인 바다와 광활한 하늘만 보며 생활하던 그는, 육지 생활에 적응하느라 어려움이 이만저만 아니다. 집 밖으로 나갈 수 있는 돌파구를 찾아 나섰다.

　직장을 구하려고 했지만, 취업이 쉽지 않았다. 뭍에서의 직장 경험이 없으니 여러 곳의 서류를 넣어 봐도 역시 경력이 문제다. 있는 그대로의 이력서로는 안 되겠다 싶었는지, 보다 못한 직업소개소 사장님이 꾀를 내어 짜낸 이력서 덕분에 우여곡절 끝에 겨우 들어갔다. 남편은 그곳에서 몇 년째 근무 중이다. 처음에는 적응이 어려워 오래 견디지 못할 것 같았다. 내 우려와 달리 솔선수범하는 성격이라 차츰 주변 사람들과 유대관계를 잘 다져 나가는 것 같았다.

　남편은 형제가 많았다. 배를 타면 돈을 많이 번다는 소문을 듣고 수산 대학교 어업학과를 선택했다. 대학 졸업 후 그는 곧바로 바다에서 항해사의 삶을 시작했고 원하던 선장 자리에 올랐다.

결혼 2주 차, 그는 바다로 떠났고, 새댁인 나는 식구 많은 시집살이를 하며 때때로 불편함이 있었지만, 그때는 모든 시집살이가 그러려니 했다.

그는 바다에 잘 적응하는 편이었다. 하지만 아무 일 없이 살아가던 나의 삶에, 파도 위에서 흔들거리는 그의 마음에 파동을 느끼며, 내게 더 불안함이 엄습해 왔다. 지독한 꿈에 시달렸나 보다. 먼바다에서 들려오는 위성 전화 속 그의 목소리는 예전과는 달랐다. 그가 겪는 지독한 악몽이 파도처럼 나를 덮쳐왔다. 나는 그를 구원할 방법을 찾아야만 했다. 그의 속을 알 수 없었고, 그의 의중을 짐작하지 못했던 나는 행여 사고가 나지는 않을까 불안한 마음을 추슬렀다. 바다에서의 사고는 인명은 물론 재정적인 문제까지 불러올 수 있다는 생각에 나 스스로가 더 불안했다.

나는 그를 안심시키기로 했다. 문득 예전에 친구와 함께 집을 찾아왔던 화주 보살이 떠올랐다. 그녀에게 선견지명이 있다는 친구의 말을 귀담아들었던 것, 그것이 문제였을까. 인근 금정산 자락의 한 사찰, 비구니들의 수행처인 그곳 암자가 낡아, 새로 짓는다며 시주를 받는다는 소식을 들었다. 부처님께 보시하는 것이 남편을 구제하고 가정을 지키는 옳은 길이라 생각했다. 남편의 불안정한 목소리를 들을 때마다 절박한 심정이었다.

금강경의 사구게가 떠올랐다. '형상에 머무름 없이 마음을 내라'는 "응무소주 이생기심應無所住 而生其心"이라는 문구. 어려운 이에게 힘을 보태거나 좋은 일에 동참해야 한다는 평소 내 소신이 동했다. 화주 보살을 소개한 친구의 권유로 거금을 보시했다. 그 정도면 튼튼한 기둥 몇 개는 세워질 것이라 믿으면서….

삼십여 년이 넘은 일이다. 그때는 사람을 구해야 한다는 절박한 마음이 앞섰기에 시주 액수 따위는 중요하지 않았다. 화주인 S 보살에게 보낸 송금 영수증도 확실하게 챙겼다. 처음부터 남편에게 의논하지 않았던 것이 마음에 걸렸지만, 모든 것이 순조로워지리라 여겼다. 그러나 남편의 목소리에서 여전히 불안이 느껴져, 결국 좋은 곳에 보시해 놨으니 안심하라고 타일렀다. 남편은 안심하는 듯 항해에 나설 것이라 했다.

나는 남편의 마음이 안정되기를 빌며 기도에 매달렸다. 어느 날 기도처에서 돌아오니 대서양 바다에 있어야 할 그가 집에 도착해 있었다. 아니나 다를까, 내가 제비족에게 빠져 돈을 탕진한 것이라며 다그쳤다. 얼토당토않게 트집을 잡는 그 마음이야 그럴 수 있다고 치더라도, 과격해 오는 스트레스는 감당하기 힘들었다. 어쩌랴, 그래도 내가 참아야지 하는 마음으로 부처님께 엎드리며 일상을 견뎌냈다.

집을 떠나 망망대해에서 고생하는 그를 위해, 시주를 하고 기도하면 모든 불안이 다 사그라지리라 여겼다. 물 위에서 흔들리는 남편을 위해 부처님 도량에 희사한 것이라며 위안 삼았는데, 오히려 그것이 불씨에 기름을 부은 격이 되었다. 놀란 친구는 화주 보살에게 연락해서 돈을 되돌려 받기를 원했다. 그렇지만 내 마음은 변함이 없었다. 부처님 도량에 올린 보시는 좋은 일에만 쓰일 것이라는 믿음뿐이었다. 이미 내게서 나갔으니 그 돈은 내 소관이 아니었다.

명분은 그럴싸했다. 나중에는 감시까지 붙이며 돈의 쓰임을 의심했다. 도리를 벗어난 그의 과도한 관심에 나는 지칠 대로 지쳐갔다. 모든 것을 감수하겠다고 마음먹었지만, 출구를 찾지 못한 내 화풀이의 대상은 선하고 착한 자식들이었다. 어리석은 어른들이 저지른 행동이 죄인처럼 오래도록 가슴 깊은 곳에 남아있다.

짧다면 짧고 길다면 긴 5년, 집 두 채를 저당 잡혀 생활하며 시동생들 결혼까지 마쳤다. 돈이란 빌리기는 쉬워도 갚기는 어렵다는 것을 뼈저리게 체험했다. 결국 이자와 원금으로 백여 평이 넘는 집 두 채가 날아가 버렸다. 함께 부딪히며 내 삶을 눈으로 확인한 그는, 그제야 내가 보시한 의미를 알겠노라며 바깥 활동에 나섰다. 굳이 비유하자면 내 전생의 업보가 사라진 것일까. 아니면 보시한 공덕일까. 우여곡절 끝에 긴 터널을 빠져나올 수 있었지만, 다달이 많은 이자를 갚으며 오래도록 빚쟁이로 산 나의 삶이 소름 끼치도록 힘들었다.

비록 그 절에 시주했지만, 나의 수행처는 집이었다. 보시를 잘 모르는 사람들은 "절 모르고 시주한다."라는 말을 한다. 겨자씨 하나 꽂힐 수 없을 만큼 빈틈이 없는 이 우주의 기운이 있으매, 어디에 시주한들, 어딘들 내 수행처가 아니겠는가. "형상에 머무르지 말고, 그 마음을 내라." 하셨던 부처님의 가르침이다. 예수님은 "오른손이 하는 일을 왼손이 모르게 하라."라고 하셨다. 어떻든 인연이 닿아 시주한 든든한 기둥은 묵묵히 부처님 도량을 잘 받들고 있으리라.

심청이 공양미 삼백 석에 아버지를 구하지 않았다던가. 어떤 길을 선택하든 세상의 이치는 바른길로 통하는 법이다. 굳이 스스로 내세우지 않아도 된다. 세월이 흐를수록 삼라만상을 보살피는 어떤 이의 가피를 알아차린다. 좋은 일이든 나쁜 일이든 아무도 모르게 행해지는 것은 없다. 하늘이 알고 땅이 알고, 본인이 알기 때문이다. 오직 선행하며 사는 것을 기본으로 삼아야 하리.

그나마 잠시 위험한 바다에서, 남편을 구해 낸 시기였다는 것을 나는 스스로 느낀다. 그 일로 휘몰아친 폭풍우가 있었지만, 집안 식구들은 그 세세한 사연들을 몰랐으리라. 더군다나 시주를 모르는 시집 식구들은, 처음 남편이 말한 대로 내가 제비족과 바람나서 큰돈을 쓴 줄 알고 있었을지도 모르겠다. 동서들은 철저히 나를 믿지만, 그 목돈의 용도를 모르는 동서들에게도 이 글을 빌려 이제야 고백한다. 부모 형제도 좋지만, 나는 무엇보다 내 어린 자식들이 있고 내 가정이 가장 중요했기에, 무리한 보시를 해서라도 "내 가정을 지키고 싶었네."라고.

  우리 삶이 비록 파도치는 바다 같았을지라도, 불안정한 항해 끝에 맞이한 이 잔잔한 뭍의 일상이 감사하다. 숱한 고뇌와 눈물의 흔적은 결국 가족이라는 굳건한 섬을 지켜낸 굳은살이 되었다. 그에게도 그때의 내 마음을 전하는 것이 고백이리라. 이제는 서로의 등을 다독이며 함께 걸어가자고 다짐한다.

사랑스러운 아이들

 한 아이가 눈물을 글썽이고 있다. 짧은 일박 이 일을 함께 보낸 후 보육원에 들어가는 날이다. 아이를 폭 감싸 안으며 다음에 또 만나자며 차에서 내렸다. 아이는 울음보를 터뜨려 어깨를 들썩이며 울었다. 나는 그 모습을 뒤로한 채 발걸음을 떼야 했지만, 마음은 한없이 무거웠다.
 도착 후에도 계속 울고 있다. 그를 돌보는 보모가 보내온 사진을 보니 마음이 짠해져, 핸드폰 속의 그 작은 얼굴이 오래도록 남았다. 남편은 아이가 눈에 밟혔는지, "입양하면 어떻겠느냐?"라고 묻는다. 그러나 나이도 경제력도 자격도 모자란다. 아이를 좋아한다고 해서 누구나 부모가 될 수 없다. 다만 예전보다 정서적인 여유가 있으니, 아이들에게 쏟을 정과 마음만은 여전히 남아 있다. 그래서일까, 낯선 아이들을 만나도 그저 스스럼없이 다가가 안아주고 싶어진다.
 딸은 영문학을 전공했다. 사회가 점점 팍팍해지면서 가르치는 아이들이 줄어드니, 일에서 손을 놓을 수밖에 없었다. 대신 사회

복지사 자격증을 따고 직업을 바꾼 곳이 보육원이다. 거기서 사랑스런 여러 아이를 만났다. 결혼도 하지 않았는데, 어떻게 아이를 돌볼 거냐고 걱정했다. 딸은 하는 데까지 해 보겠다고 했다. 나는 과연 그 많은 아이를 돌볼 수 있을까 하는 조바심이 앞섰다.

그러나 정작, 아이들과 마주하는 딸의 눈빛이 달라짐을 알 수 있었다. 갓난아기에게 애정을 갖고 젖병도 물려주고, 울음을 달래며 어르고, 커가는 아이들에게 공부도 가르치고 이야기도 들려준다. 피치 못할 사정으로, 잠시 맡겨진 아이도 있고, 태중에서 나오자마자 엄마와 헤어진 아이도 있다고 하니 만나는 아이마다 보기가 안쓰럽다.

퇴근 후, 집에 돌아온 딸은 녹초가 되어 금세 잠에 빠져들지만, 다음 날이면 아무 일 없다는 듯 다시 아이들에게 달려간다. 그나마 아이들을 좋아하니 몸은 힘들지만, 정성을 다하는 것 같아 심성이 착한 딸을 보면 마음이 짠해진다. 지친 얼굴 속에서도 묘하게 빛나는 무언가가 있다. 그것은 아이들이 주는 보람과 힘일 것이다. 그런 딸을 바라볼 때 참 다행이라는 안도감이 밀려온다.

귀엽고 사랑스러운 아이들이 자주 온다. 그들이 집에 오면 나는 가슴으로 폭 안아서 맞이한다. 세상에서 가장 순수하고 티 없는 아이들이다. 식구가 모두 좋아하다 보니 아이들은 스스럼없이 다 가온다. 그들도 자신을 사랑하는 걸 아는지 아이의 웃음소리가 끊이지 않는다. 꿈같던 일박 이 일을 같이하며 아이들이 좋아한다는 음식은 먹여서 보내야 마음이 편하다. 그들이 오면 할머니와 같이 자겠다는 아이들이 있다. 그 후 나는 몸을 다쳤다. 불편하고 움직임이 유연하지 못하니, 아이를 데려오라는 말이 나오지 않았다.

정현을 만난 지 몇 년이 지났다. 그는 부모가 있음에도 홀로 남겨진 아이였다. 아무도 없는 집에서 하루 종일 울다 목이 쉬어버린 아이, 이웃의 도움으로 그곳에 왔단다. 산만하다는 이유로 유치원조차 내몰린 아이였다. 어린이날, 아무도 데려가지 않는 그 아이를 집으로 데려왔다. 차에서 내리자마자 어디로 튈지 모르는 그를 따라다니느라 온 가족이 분주했다.

나는 갈비뼈에 금이 갔다는 의사의 진단도 있었지만, 진통제를 먹으며 아이와 함께하는 시간을 놓치고 싶지 않았다. 영도 해양박물관에서는 처음 보는 바다생물을 보며 그것들의 움직임에 대하여 귀찮을 정도로 묻고 또 물었다. 백화점 어린이 행사장에서는 반짝이는 불빛을 보며 깔깔대며 같이 웃었다. 아이의 짧은 웃음 하나가 어른의 긴 하루를 지탱해 주는 힘이 되었다.

아이들의 삶은 늘 "안녕"이라는 말과 함께 갈라진다. 맡기고 떠난 엄마가 마지막으로 남긴 한마디가 아이의 마음에 못처럼 박히는가 보다. 유치원에 오가며 부모와 손잡고 가는 아이들을 보았던가. "나는 왜 엄마 아빠가 없을까?"라는 물음 앞에서, 어른은 쉽게 대답하지 못한다. 부모라는 이름이란 얼마나 큰 책임과 노력을 요구하는 것인지, 아이들이 우리에게 묻고 있는 듯하다.

신생아가 너무 귀한 시대다. 아이가 나라의 미래라고 하는데, 우리나라가 신생아 출산율이 세계 최하위라고 한다. 예전에는 가난에 찌들려 살더라도 결혼하면 자녀가 몇이든 가족 구성원으로써 사랑받는 것은 당연하게 여겼다. 그때에 비하면 지금은 훨씬 살기는 편해졌다. 그럼에도 불구하고 경제적으로 부담된다며 애초에 결혼을 생각하지 않는 젊은이도 있다.

자식을 낳는 것은, 인간으로서 가져야 할 의무 같은 것이다. 그럼에도 젊은이들은 높아만 가는 교육비 때문이라며 능력 운운하며 자녀 갖기를 포기한다. 그러하니 줄어드는 것은 신생아뿐만 아니다. 한국을 떠나는 이민 가는 사람도 늘어나니 어쩌겠는가.

나에겐 아직 손자가 없다. 과년한 녀석이 둘이나 버티고 있지만, 나는 우리 엄마처럼 닦달하지 않는다. 결혼 조건은 갖추었건만 반응 없는 조카에게 삼촌들은 입을 모은다. 직업도 인물도 그만하면 됐는데, 왜 안 가는 거냐며 약을 올려도 그저 싱긋 웃어넘긴다. 주변에서는 자식의 결혼은 엄마가 중매쟁이가 되어야 한단다. 입이 열 개라도 할 말이 없다. 과연 나의 무심함 때문인지 걱정이 앞선다. "형님은 장손으로서 제사가 많으니 너무 신중해서 그렇다."라며 조카 녀석이 살짝 귀띔해 준다. 그럴싸한 이유다.

왠지 내 탓만 같아 조만간 단호한 결정을 내려야 할 것 같다.

유치원부터 대학교까지 급속도로 학생들이 줄어든다. 지역마다 교육 시설인 학교가 줄줄이 폐교된다. 학교에도 직장에도 외국인이 아니면 인원수 채우기가 힘들다고 한다. 게다가 젊은이들이 결혼이 늦춰지고, 결혼해도 아이 갖기를 망설이니 신생아가 줄어드는 것이 당연한 일이다.

날이 갈수록 결혼연령은 높아졌다. 결혼이 늦은 이들은 임신이 쉽지 않다고 한다. 그 원인은 지구를 덮고 있는 각종 공해 탓이란다. 이래저래 우리나라의 인구수가 줄어든다. 그나마 작년에 태어나기는 했지만, 호적에 올리지 않은 아기도 많다고 한다. 그 아이들은 모두 어디로 갔을까 의문이 생긴다.

가난했던 시절 산하제한을 했던 때도 있었다. 그때보다 삶은 한층 우월한데도, 세상은 아이를 점점 귀하게 만든다. 출산율은 떨어지고, 결혼은 늦어지며, 교실은 텅텅 비어 간다. 그러나 어떤 사회적 지표보다도 내 마음을 흔드는 것은, 아이 한 명 한 명의 눈빛과 손길이다 .그들의 숫자는 차갑지만, 아이들의 손은 언제나 따뜻하다, 그 손을 붙잡을 때마다 '아이야말로 우리가 붙들고 지켜야 할 내일'이라는 사실을 절감한다.

핸드폰 속에는 아이들의 얼굴이 가득하다. "할머니 집에 먼저 가겠다."라며 다투는 아이들, 아직 말도 못하면서, 보모의 퇴근 때면 신발부터 꺼내 놓고 따라 나서며 보채는 아이, 자꾸만 정을 주어서 안 되겠다 다짐하면서도, 마음은 이미 그들에게 붙들려 있다. 아이의 웃음은 짧지만, 그 울림은 오래간다.

엄마의 치마폭처럼

 제사를 지내려고 병풍을 꺼낸다. 감청색 보자기의 네 모퉁이를 걷어내고 펼쳐 세운다. 은회색 바탕에 자주색의 비단실로 촘촘히 메운 풍채 좋은 이것은 내 일신처럼 여긴다. 사십여 년 전 아이를 유치원 보내놓고 친정에 출근하듯 하여 직접 수놓은 열 폭 작품이다.

 반야심경 열 폭 병풍이다. 통도사 경봉 큰스님이 일필휘지 쓰신 것을 본떠 수놓은 것과, 신사임당의 〈초충도〉가 화려하게 수놓아진 두 개의 병풍이다. 내 젊음이 묻어난 두 작품이 우리 집에서 모양새 나는 물건인 듯하다. 자리를 제대로 잡으니 어머니의 치마폭이 자식을 감싸 안은 듯 방 안은 온기로 가득하다.

 조상이 들어오시도록, 일찌감치 열어둔 문으로 형제들과 식솔들이 한자리에 모여든다. 하던 일을 잠시 내려놓고 언제 봐도 반가운 얼굴들을 두루 살피며 안부를 묻는다. 곳곳에서 오느라 시장했을 동서들은 숨 돌릴 틈도 없이 제사음식을 차리기 시작한다. 촛대에 불을 밝히고 향을 사른다. 제사 의식은 시작되면 삼십여 명의 후손들은 눈앞에 계시는 조상을 받들듯 예를 다한다. 술을 올리고 절을 하고 음복을 하기까지 반복되는 일이지만, 매번 처음 하는 일인 것처럼 조심스럽고 경건하다.

　반찬을 접시에 골고루 담고 생선이며 고기는 빠진 것이 없나 꼼꼼히 살펴가며 상에 올린다. 형수를 찾으며 같이 식사하자고 청하는 시동생들의 권유도 좋지만, 각자 자식들이 먹고 나간 자리에서 동서들과 생선 뼈 발라가며 먹는 재미가 더 쏠쏠하다. 자손들이 덕담과 함께 화기애애하며, 음식을 나눠 먹는 시끌벅적한 자리를 지켜보는 조상들의 마음도 흐뭇하리라.

　제사에 빠짐없이 참여하는 식솔들이 참 좋다. 차려진 음식을 잘 먹는 모습을 보면 흐뭇해서 늘 넉넉하게 준비하게 된다. 동서들이 형님이 고생했다며 나를 억지로 앉게 하고 뒷정리를 하는 동안 잠시 허리를 펴고 다리도 쭉 뻗어본다. 언제나 내 시선이 머무는 곳은 애지중지하는 병풍이다.

　조상을 모실 때나 경사스러운 일이 있을 때, 구분해서 일 년에 몇 번 열어보는 병풍은 집에 있는 물건 중에 제일 아끼는 것들이다. 어릴 때 엄마의 치맛자락으로 숨어들면 한량없이 편안함으로 감싸주었던 것처럼, 내 삶이 휘청거릴 때마다 삶과 죽음이, 깨끗함과 더러움이 둘이 아니라는 반야심경의 뜻이 있는 열 폭 병풍의 품안에서 큰 위안을 받으며 지냈다.

소싯적 언니들은 등잔불 앞에 모여 앉았다. 광목천에 올을 세어가며 십자수 놓는 모습이 좋아 자연스레 자수에 관심을 두게 되었다. 어깨너머로 배운 십자수는 틈만 나면 찾는 나의 취미가 되었다. 언니들처럼 조신하지 못하다고 타박만 듣다가 귀주머니를 만들어 냈다. 보기보다 손재주가 있다는 엄마의 칭찬에 더욱 재미를 느꼈다.

　자수도 유행을 탔다. 고향 언니가 하는 동양자수 공방에 놀러 갔을 때였다. 덥석 바늘을 잡으니, 관심이 있으면 한번 해보라는 말에 겁도 없이 해보겠다고 대답했다. 하지만, 동양자수는 내가 생각했던 것과는 달랐다. 밑그림 따라 한 땀 한 땀 채우고 있자면 몸은 뒤틀리고 앉은 자리는 가시방석인 듯했다. 몇 분을 채우지 못하고 동네 한 바퀴를 휘돌아도 보고, 다시 앉아 봐도 안 될 때는 아예 수틀 밑으로 들어가 잠을 자버리기 일쑤였다. 그를 보는 언니는 얼마나 속상했을까.

　나는 지긋하지 못한 성격이었다. 머리카락처럼 가늘고 작은 바늘이 긴 손가락과 맞지 않다는 둥 쑤군대는 말에 오기가 생겼다. 처음부터 다시 시작하는 마음으로, 손끝에 집중하여 마치 수도승이 화두 잡듯 바늘 한 땀 한 땀에 숫자를 세어가며 시간을 늘려 나갔다. 마치 자신이 하늘을 나는 새가 된 듯, 계절 따라 피고 지는 꽃을 찾아 날갯짓하는 나비가 된 듯, 자연이 나인 양 내가 자연인 양 자수 바탕에 빠져들었다.

　인간문화재가 되겠다고 마음먹었다. 그동안 쌓아온 재주를 바탕으로 우리의 전통 자수를 전수하겠다는 목표를 세우고, 본격적으로 작품 활동에 들어갔다. 한국자수 작가회에 가입하여 회원 전시회에 처음으로 참여하기도 했다. 내 작품이 세종문화회관에 같이 전시되었다. 그때의 성취감은 이루 말할 수 없었다. 작품을 본 후 탱화를 자수로 표현하겠다며 쪽지를 남긴 분도 있었다.

　과년한 딸이 결혼에는 관심이 없고, 회오리바람처럼 자수에 빨려 드는 것이 못마땅한 엄마는 닦달하기 시작했다. 누나 먼저 안 가면, 결혼을 안 하겠다는 동생의 이유를 대었던 엄마의 말에 넘어갔다. 울며 겨자 먹기로 받아들일 수밖에 없던 나는 늦은 나이에 결혼했다. 주변의 잡다한 조건들은 눈감은 채, 상대의 근무지가 해외였기에 작품 활동은 이어갈 수 있겠다고 생각했던 것은, 나만의 큰 착각이었다.

　결혼 후, 작품 활동은커녕 모든 바깥 활동은 제재가 가해졌다. 남편과 떨어져 사는 여자는 밖으로 나다니면 안 된다는 고루한 생각이었다. 예전 말에 여자가 손재주가 있으면 팔자가 세다는 어른들의 말을 들었는가 보다. 그때는 무조건 어른들의 말을 들어야 하는 줄로 알았기에 주장 한번 내세우지 못하고 주저앉고 말았다.

손위 형님이 서울에 살았다. 어른들은 둘째인 나를 집안의 큰며느리 역할을 시키고 싶었던 것 같다. 오직 내가 해야 하는 것은 남편이 그어 놓은 테두리 안에서만 운신해야 했다. 손윗사람으로서 어머니의 치마폭만큼이나 너른 마음으로 대소사에 관여하며, 집안을 감싸는 역할을 원했던 것 같다.

일 년에 몇 번, 열었다가 접는 나의 애장품은 병풍이다. 그 속에 자수를 포기했던 아쉬움이 잠들어 있다. 아내의 생각을 까맣게 모르고 있었던 남편은 병풍을 펼쳐도 별다른 기색이 없더니, 이제야 알아차린 듯하다. 다만 시어머니께서 죽음을 앞둔 말년에야 미안하다며 아쉬워했다. 이미 흘러간 세월은 되돌릴 수 없는 것, 후회 없는 삶이 어디 있겠냐마는 이제는 미움도 원망도 사라진 지 오래다.

일가친척이 모인 자리는 참 좋다. 서로 이야기 나누며 웃고 즐기는 것을 보며 함께 미소 지을 조상님들을 떠올려 본다. 어머니의 치마폭처럼 넉넉한 품으로 시동생들의 결혼을 다 시키고 집안을 다독이는 며느리가 되어 이제는 뿌듯함도 느낀다.

아름다운 기억은 혼자만 꺼내보는 소중한 추억이다. 한 땀 한 땀 엮어낸 소중한 작품은 사랑하는 자식을 대하듯, 따사로운 눈길로 쓰다듬는다. 나의 소중한 보물이 자식에게도 엄마의 유산으로 남기를 바라며 병풍을 걷는다.

반란 斑爛

    몇 년 만에 대문 앞이 떠들썩하다. 손에 묻은 물기를 급히 닦고 나가 보니, 오래도록 사진으로만 보던 아기가 한눈에 들어온다. 코로나19로 가슴으로만 품었던 손자를 직접 마주하니, 참았던 그리움이 밀려와 와락 끌어안고 싶어졌다. 몇 년 사이 막내동서는 손자를 둘이나 보았지만 안아보고 싶어도 꾹 참았다.
    어린 손녀를 가슴에 폭 안았다. 부드럽고 촉촉한 느낌이 더할 나위 없이 좋다. 낯도 가리지 않으니 꽉 깨물어 울음소리도 듣고 싶어진다. 딸이 귀한 집안이라 우리 딸 다경이 이후, 사십여 년 만에 손녀가 찾아왔다며 막내 시동생은 입이 귀에 걸린다.
    거리 두기 때문에 삼 년 동안 혼자서 제사 음식을 올렸다. 오랜만에 형제가 한자리에 모이니 집안의 분위기가 화기애애하다. 참석한 동서들이 각자 준비해 온 제수를 조상님께 올리고 제사를 지냈다. 부산하게 아침 식사가 끝난 뒤 동서들이 조심스럽게 제안한다. 다리가 좋지 않은 나를 위해 건강이 더 나빠지기 전에 여행을 가자고 한다.

나는 그 말을 기다렸다는 듯이 흔쾌히 응했다. 손수 짜 모아 두었던 모자 네 개를 꺼내니 동서들의 환호가 대단했다. 다섯째 동서가 숲 해설사와 유아 숲 지도사로 바깥 활동을 한다. 햇볕에 그을린 얼굴에 잡티가 선연하게 보였다. 어떤 것이 좋을까 생각하다가 여름 모자를 뜨개질해서 주고 싶었다. 완성하고 보니 다른 동서가 마음에 걸려 같은 모양을 준비했다.

이번 여행에 모자를 같이 쓰면 좋을 듯했다. 다리 아픈 나를 위해서 차와 가이드가 딸린 제주 투어가 우리에게 맞춰졌다. 여행 계획은 일사천리로 진행되었다. 동서들의 적극적인 공세에 응하기는 했지만, 걸어 다닐 자신이 없어 떠나는 전날까지 고민을 했다. 나에게 쉽지 않은 여행, 기왕 마음먹었으니 과감하게 떠나자며 생각을 바꿨다.

동서들과의 첫 여행이었다. 젊어서부터 늘 마음속에 그렸지만, 직장 다니는 동서들 때문에 실행에 옮기기가 쉽지 않았다. 동서들끼리 떠나는 여행이라서인지 남편도 적극적으로 응원해 주어 마음이 한결 편했다. 오랜만의 여행, 비행기를 타고 제주에 도착하니 감회가 새롭다. 남편과 왔을 때는 일행과 가이드를 따라다니기에 바빴지만, 동서들과 오니 더 편하다. 모두들 자매냐고 묻는다. 동서들이라고 하니 친자매처럼 다정해 참 보기 좋다며 부러워했다.

결혼 후 손아랫동서 넷을 맞았다. 내 위 큰형님을 포함해 여섯 명, 제각기 영암, 통영, 의성, 김천, 부산, 산청에서 태어나 살아온 환경이 다르고 삶의 방식도 생각도 각양각색이다. 서로 다른 점이 오히려 조화를 이루며 빛을 발했다. 둘째였지만 맏며느리 역할이 주어졌다. 동서들의 아름다운 반란斑爛이 시작되었다. 우리는 서로를 아우르며 소통이 잘된다. 모든 일에 의논하며 적극적으로 동참하니 고마울 따름이다.

시어머니는 팔 남매의 맏며느리였다. 자신은 동서 간의 사이가 소원했다며 여섯 명의 며느리들이 우애 있게 잘 지내기를 바랐다. 당신은 화투를 칠 줄 모르지만, 명절이나 집안 대소사가 있으면 형제간의 화목을 위해 화투판을 자주 펴게 하셨다. 자식 동기간끼리 어울리는 웃음소리가 그저 듣기 좋다고 했다.

어렵기만 했던 고스톱을 시동생들에게 배웠다. 서툴러 더듬거리는 모습에 웃음을 자아내기도 했다. 밤을 새우며 놀다 아침잠이 살짝 든 며느리들보다, 먼저 일어난 어머니는 밥을 해 놓고 기다리기도 했다. 자신이 낳은 자식보다 들어온 자식들이 더 효도한다고 입버릇처럼 말씀하셨다. 며느리들이 마음을 모아 더 잘하라는 의미였으리라. 어머님이 세상을 떠나신 후 우리들의 화투놀이는 자연스레 사라졌다.

여행 첫날, 애월읍에 있는 아르떼뮤지엄에서 처음 접하는 광경에 넋을 잃었다. 화면으로 비춰주는 세계의 명화名畵를 한곳에서 볼 수 있어 사진기에 담기 바빴다. 실제처럼 밀려오는 파도와 부서지는 물거품은 지친 몸을 씻어주듯 시원했다. 여행 내내 세 명의 동서와 나는 한 방에 모여 여행의 피로감도 잊은 채 밤새는 줄 모르고 이야기꽃을 피웠다. 아침 일찍 일어나 직접 음식을 하지 않아서 좋았다. 호텔 조식을 입맛대로 먹고, 식곤증에 졸음이 밀려 때때로 바깥 구경을 놓치기도 했다. 우리는 제주의 경치에 취하기도 했지만, 동서 넷의 넘치는 감성에 더 취했다.

다음 날은 에코 랜드, '선녀와 나무꾼' 민속 박물관에 들렀다. 개인이 그 많은 자료를 모았다니 탄성이 절로 나왔다. 기억이 가물거리는 옛 농기구 앞에서, 농사를 지었던 부모님 생각에 눈시울이 뜨거워진다. 학교생활 전시관에 들르니 세월의 흐름에 만감이 교차했다. 동서들은 고고장이 설치되어 있는 곳에서 물 만난 물고기가 된다. 웃음꽃이 더 없는 소화제 역할을 했다. 드넓은 스누피 가든의 절경에 빠져 걸었더니 다리에 적잖게 무리가 왔다.

마지막 날 허브동산에 들렀다. 그곳에서 즐긴 족욕은 이틀간의 피로를 말끔히 풀어주었다. 한껏 가벼워지고 시원해진 마음으로 우도 가는 유람선을 타기 위해 성산에 도착했다. 배 뜨는 시간에 맞춰 점심을 뒤로 미루고 우도 선상 여행에 몸을 실었다. 껍질째 먹는 우도의 땅콩이 유명하다는 소문은 들었지만, 코로나19와 갑자기 일어난 파도 때문인지 땅은 밟지 못해 아쉬웠다.

　돌아오는 뱃길에 성산 일출봉을 유람했다. 웅장하게 솟아오른 기암절벽은 하얀 페인트를 쏟아부은 듯 갈매기의 배설물로 도배되어 있다. 갈매기는 한 마리도 보이지 않고 가마우지 몇 마리만 애처롭게 바위에 서 있다. 갈매기를 만나려고 새우깡을 들고 온 사람들은 실망스러운 눈빛이다. 우리는 윤슬이 반짝이는 바다를 배경으로 모델처럼 포즈를 취하고 여배우처럼 웃음을 터트린다. 카메라 앞에선 동서들의 표정도 햇살을 받아 어느 때보다 밝게 빛난다.

　바다 위에서 오십여 분간 유람했다. 본섬에 돌아와 늦은 점심을 먹으러 가는 길이었다. 제주에서 보기 드문 백사장을 만났다. 물이 빠진 종달리 해안 백사장에 갈매기들이 하얗게 무리 지어 돌아다닌다. 물가에서 분주한 갈매기도 정확한 물때를 알아 이곳으로 먹이를 찾아온 모양이다. 궁금해서 가이드에게 물었더니 제주에는 유일하게 이곳만 조개가 나오는 곳이라고 한다. 마치 때를 놓쳐 고픈 배를 채우러 가는 우리와 닮았다는 생각이 든다. 늦은 점심에 맛있는 돌문어 비빔밥을 게 눈 감추듯 먹고 부산행을 서두른다.

　모두 남부럽지 않게 살아가는 동서들이다. 튀지 않는 빛깔로 서로 다독이며 가족애를 이루어간다. 어머님의 바람대로 조각조각 색을 잘 맞추어 가며 짙은 우애로 조화로운 집안을 밝혀간다. 짧은 2박 3일이었지만, 동서들과의 여행은 오래 기억될 만큼 참 행복했다. 바쁜 시간을 내어 함께해 준 동서들의 찬란한 반란斑爛이었다.

  하나의 색깔이 아닌 무수히 많은 빛깔이 섞여 더 아름답게 빛나는 것처럼, 우리의 삶도 그렇게 서로를 물들이며 영원히 빛날 것이다.

까끄막에 묻어둔 추억

　육십여 년의 세월이 흘렀지만, 고향의 까끄막을 안고 있는 산은 여전히 마음속에 우뚝 서 있다. 어린 시절, 일 년에 딱 한 번 허락되었던 산 정상은 그 자체로 설렘이었다. 그 산을 보면 부모님과 친구들이 함께했던 즐거운 추억이, 영화의 한 장면처럼 생생하게 떠오른다.
　형제처럼 나란히 솟은 세 개의 봉우리, 삼봉산. 그곳은 언제나 우리들의 든든한 배경이었고, 마을을 감싸안은 어머니 같은 품이었다. 소싯적에는 야트막한 산자락을 놀이터처럼 오르내렸지만, 높은 산꼭대기는 추석이 되어야 올랐다. 까끄막을 타고 산에 오르면 숨이 차고 힘겨웠지만, 동무들과 함께라면 그 길은 설렘으로 가득했다.
　등고登高는, 글자 그대로의 뜻이지만, 중국에서 유래한 등고회는 매년 음력 9월 9일에 지내는 한족의 명절이다. 기록으로 보아 이미 전국시대에 행해져 왔음을 알 수 있었다. 중국에는 중양절인 음력 구월 구일에 높은 산에 올라 재난을 피하고, 무병장수를 기원하는 풍습이 있다고 했다. 당과 송대에는 추석보다 더 큰 명절로 지켜왔다. 제나라 강공이 우산牛山에 올라 눈물을 흘렸다는 기록으로 보아, 이미 전국시대에 행해져 왔음을 알 수 있었다.

중국의 등고회登高會의 유래다. 동한 시대에 미래를 내다보는 비장방費長房이라는 도인이 있었다. 어느 날 그는 제자인 환경桓景에게 일렀다. "음력 구월 구일에 자네 집은 큰 재난을 겪게 될 것이니, 집으로 돌아가 식구들과 함께 수유를 담은 주머니를 팔뚝에 차고, 높은 산에 올라가 국화주를 마시면 재난을 피할 수 있을 것이다."라고 했다. 환경은 스승이 시킨 대로 가족을 데리고 산에 올랐다가 집에 돌아와서 보니 키우던 가축이 모두 죽어 있었다. 그때부터 중국에서 중양절이 되면 수유 주머니를 차고 높은 산에 올라 국화주를 마시는 풍습이 시작되었다고 한다.

우리나라도 삼월 삼짇날, 오월 단오, 칠월 칠석, 구월 구일(중양절)이 있다. 절기마다 예를 갖추고 시절 음식을 나누었다. 신라 이래 군신들의 모임이 중양절에 행해졌고 고려 때는 국가적인 향연이 벌어지기도 했다. 조선 세종 때는, 제비가 돌아오는 삼월 삼짇날과 따뜻한 곳으로 돌아가는 시기인 구월 구일을 명절로 정하고, 나이 많은 대신들을 위한 잔치를 열었다. 훗날 행사는 추석으로 옮겨졌으며, 중양절에는 특별히 과거시험을 실시하여 이날을 기렸다.

단오, 추석처럼 중양절도 임금이 참석하여 제사를 지냈다. 군신이 함께 수유 주머니를 차고 높은 산에 올라 국화주를 마시며, 시를 짓고 술과 음식을 나누었다. 그 또한 양(陽)이 가득한 날이라 하여 나쁜 기운을 없애고 무병장수를 빌기 위해서이다.

중국의 중양절이 액막이를 위한 날이었다면, 우리나라는 그날을 경사스러운 날로 여겨 제사와 성묘를 지냈다. 여러모로 뜻깊은 날임에도 시절 따라 전통 깊은 행사들이 차츰 사라지고 있어 안타깝다. 나이가 들어도 추석이 되면 까끄막을 타며 산에 올랐던 어린 시절을 떠올린다.

내 고향에는 인간적이고 아름다운 이야기가 있다. 추석이 되면 아이들과 청소년들이 삼봉산에 오르는 날이다. 산꼭대기에는 이름 모를 기생의 무덤이 있었다. 관아에서 수청을 거부했던 기생의 묘라고 했다. 신분이 높지 않았음은 당연지사일 터, 높은 산에 묻힌 연유도 음식을 들고 가는 이유도 모르면서 아이들은 모두 손에 손을 잡고 산에 올랐다.

훗날 어른들의 이야기로 들었다. 음식을 들고 산에 오르는 연유는, 다만 자식이 없었던 어린 기녀의 영혼을 위로하고, 정성껏 만든 음식을 나눠 먹는다는 의미라고 했다. 가지고 가는 음식은 기껏해야 늙은 호박을 긁어 부친 호박전과 맵싸한 고추전, 찹쌀부꾸미이다. 나무에서 갓 딴 단감과 무화과, 시큼한 유자와 전부였지만, 그 소박한 음식들이 유년의 가을을 풍성하게 채우던 추억이 되었다. 외로운 영혼 앞에서 자식처럼 재롱을 부리며 놀다 오라는 배려였다. 지금 생각을 하니 어른들의 마음이 귀하게 느껴지는 행사였다.

가파른 까끄막을 지나 숨차게 산에 올랐다. 정상에 올라 탁 트인 풍경을 내려다보면 가슴속이 후련해졌다. 바다가 있는 마을에서 태어나고 자랐지만, 드넓은 바다를 멀리서 바라보는 것도 그때가 처음이었다. 학교가 다른 아이들도 만나고, 어느 동네 사는지 서로를 알아가는 시간이다. 고향의 연례행사처럼 내려오던 풍습은 언제부터인지 사라졌다고 하니 아쉽기만 하다.

늘 궁금했다. 어떤 연유로 기생 신분에 그 높은 곳에 묻히게 되었는지, 그 내막을 알기 위해 자료를 찾으러 동분서주 발품을 팔기도 하고, 인터넷을 뒤져봐도 알 길이 없다. 〈전설의 고향〉이라는 프로그램에서 방송도 되었다고 하던데, 통영시청 문화원장인 향토사학자도 모르는 일이라며, 오히려 사료史料가 나오면 알려달라고 했다.

수십 년의 세월이 흐르는 동안, 사람들의 인심도 변했고, 아름다운 풍습도 사라졌다.

그럼에도 불구하고, 삼봉산은 여전히 변함없이 푸른빛을 머금고 서 있다. 산은 언제나 그 자리에 서서 나를 기다려 주었다. 그리고 나는 그 산을 바라볼 때마다, 잊을 수 없는 어린 날의 나를 다시 만난다. 까끄막을 타던 숨결과 설렘이 내 안에서 되살아나며, 잊고 지낸 순수한 날들이 다시금 눈부시다.

무수한 세월이 흘렀지만. 까끄막을 오르며 손에 손을 잡고 뛰어오르던 발자국 소리도, 소나무 숲 사이로 울려 퍼지던 우리들의 웃음도, 산은 다 기억하고 있는 듯하다. 마치 산이 우리들의 어린 날을 품에 안고, 지금도 고이 간직해 두고 있는 것만 같다. 고향은 언제나 그립고 아름다운 추억이 서린 곳이다.

요즘 들어 높은 산을 오르는 꿈을 자주 꾼다. 정상에서 바라보았던 그 넓은 세상은, 어쩌면 아직 내 안에 남아있는 이루지 못한 욕망의 풍경일지도 모른다. 하고 싶은 일은 많았지만, 세월은 기다려주지 않았고, 이제 욕심을 내려놓고 '있는 그대로'의 삶을 살고자 한다.

하지만, 꿈은 여전히 높은 곳을 향해 오르고 싶은 모양이다. 내 유년의 높았던 산은 더 이상 정복해야 할 산이 아니라, 삶의 고단함을 묵묵히 보듬어 주는 마음의 풍경이 되었다. 그리고 그 까끄막을 오르던 발걸음은, 덧없이 흘러가는 시간 속에서 묵묵히 나아가야 할 삶의 방향을 일러주고 있다.

마음이 만드는 자리

바다 밑 널찍한 바위 아래, 멍텅구리 두 마리가 마주 보고 있다. 짝짓기라도 하려는 걸까. 커다란 눈을 굴리며 옥신각신 자리다툼을 하고 있다. 그러는 사이 영리한 문어가 불쑥 밀고 들어와 여덟 개의 다리로 덥석 덮쳐버린다. 약육강식이다. 영양 보충을 한 문어는 그 자리에서 알을 착란시켜 부화할 때까지 자신은 굶으면서 자식을 잘 키워낼 것이다. 비록 미물이지만 문어의 지극한 내리사랑과 자식을 키우는 정성은 인간 못지않다.

자리를 다투는 멍텅구리 같은 부류가 꽤 있다. 지하철과 버스 등 대중 교통수단에는 노약자석이 있다. 임산부석과 일반석이 있고 휠체어가 들어설 자리도 있다. 교통공단에서 색깔별로 정해둔 자리다. 그러한 무언의 약속을 지키지 않는 사람들이 종종 있다. 그나마 도시철도는 나은 편이다. 버스나 마을버스를 타보면 노약자석과 임산부를 위한 자리마저도 어린 학생이 버젓이 앉아 핸드폰을 들고 손바닥 여행에 빠져있다. 오죽하면 이들을 엄지족이라 부를까.

학생도 힘든 공부에 시달려 피곤할 수 있다. 집으로 가는 버스 안에서 게임하는 건 그들만의 휴식이니 탓할 수는 없다. 정작 앉아야 할 약자 대신 경로석에 당당하게 앉아, 서 있는 노인들은 눈에 들어오지 않는 모양이다. 아이들의 도를 넘는 몰염치에도 노인들은 참는다. 행여 말 한마디 잘못 걸었다가 젊은이들에게 낭패를 당할 수 있는 시대다. 어쩌다 일반석인데도 학생들이 양보하는 것을 본다. 분명 부모님에게 가정교육을 제대로 받았고, 선생님의 가르침도 잘 받아들이는 학생일 거라 짐작한다.

 학교폭력과 교권 침해라는 무시무시한 말도 생겨났다. 교단이 흔들리고, 책상이 흔들려 앉을 자리가 불안한 교사와 학생들이 있다. 힘센 아이들이 신체 조건이 약한 아이들을 골탕 먹인다. 학교폭력은 부모에게 관심받지 못하고 공허한 마음을 견디다 못해, 바깥으로 표출된 자격지심에서 비롯되는 경우가 많다고 한다. 자신보다 약한 아이들에게 힘자랑하며 스스로를 학대하는 것이다.

 학생이 교사에게 덤비는 세상이다. 자식의 잘못을 인정하지 못하는 학부모가 찾아와 학교를 뒤집어 놓기도 한다. 자식의 교육을 맡긴 선생님께 군림할 일은 아닌데도, 전혀 사리를 가리지 않고 막무가내로 행동한다. 학부모에게 시달린 교사들이 잘못된 선택을 하기도 한다. 선생님도 인간이기에 학교에서 말썽만 부리는 아이가 어찌 사랑스럽기만 할까. 부모도 선생님도 아이들을 제대로 교육하기 힘든 세상이 되었다. 학교 교육과 가정교육은 백년대계라며, 선생님의 그림자도 밟지 말라던 옛 선인들의 말씀은 이미 퇴색해 버렸다. 작년 초등학교 교사 중 우울증을 앓는 사람이 9천여 명이 넘는다고 한다.

예전에는 선생님 매를 사랑의 매라고 했다. 내가 초등학교 다닐 때였다. 그때는 매를 드는 것은 다반사였으니, 차라리 손바닥이나 다리에 매를 맞았으면 기억은 오래가지 않았을 것이다. 평소 공부도 잘 가르치고 모범적인 선생님이셨다. 반에서 단체로 무언가 잘못했던 일이 있었던 것 같다. 화가 난 선생님은 남녀 모두 웃통을 벗으라고 했다. 6학년이 된 여학생들은 이미 양 가슴엔 밤톨만 한 몽우리가 봉긋 솟아 있을 때였다. 선생님의 호통에 결국 여학생 몇은 윗옷을 등짝까지만 살짝 올렸지만, 지금 같으면 나라가 발칵 뒤집히고도 남을 일이었다.

그렇게 흔들렸던 교실의 자리처럼, 늙고 불편한 몸을 가진 노인들은 이제 삶의 자리에서조차 불안함을 느낀다. 나는 걸음걸이가 유연하지 못하다. 허리를 다친 후 조금만 걸어도 앉을 자리부터 찾는다. 지하철을 타고 한 번 갈아타야 목적지로 간다. 어설픈 걸음걸이에 등산용 스틱을 짚고 인파 사이를 헤치며 나갔지만, 이미 한발 늦었다. 도리 없이 환승역을 놓치고 되돌아와야 했다.

지하철 2호선을 갈아탔다. 퇴근 시간이라 서 있는 사람이 많았다. 노약자석에 앉으려다 멈칫했다. 노인 1의 옆자리에 작은 비닐봉지가 있었다. 뒤를 돌아보니 빈자리가 있어 맞은편에 앉았다. 다음 역에 또 다른 노인 2가 탔다. 비닐봉지를 둔 자리에 그 노인 2가 앉으려 한다. 까만 봉지를 치워달라고 한다. 반응이 없자 한 사람이 앉을 자리이니 좀 앉겠다고 재차 이야기를 했지만, 대뜸 조상 제사 음식이라 치우지 못하겠다고 노인 1이 벌컥 화를 낸다. 둘의 싸움이 시작되었다. 봉지를 자리에 둔 노인 1이 쌍욕을 하니 앉으려던 노인 2도 목소리를 높인다.

 아무래도 치고받는 싸움이 벌어질 것 같다. 나는 한숨을 크게 쉬고 잠시 망설였다. 싸움을 말려야 되나 못 본 척해야 하나, 마음은 두 갈래다. 옛말에도 있지 않은가. 싸움은 말리고 흥정은 붙이라고 했다. 점점 험악해지는 분위기다. 예전에 어머니가 하던 일이 생각났다. 동네에서 싸움이 나면 어떤 험악한 남자도 어머니의 말 몇 마디면 싸움은 수그러들었다.

 옛~ 다 모르겠다, 옛날 말에 옷깃만 스쳐도 인연이라고 했다. 싸움 말리는 것도 인연이다 싶어 용기를 냈다. 뒤에 탄 노인 2의 소매를 살짝 당겼다. 엉겁결에 뒤돌아보는 노인 2에게 참으라는 눈짓과 함께 일반석 빈 곳에 앉으라며 자리를 가리켰다. 노인 2가 일반석에 가는 사이, 노인 1이 따라가며 때릴 기세이다. 일반석에 가 앉은 노인 2에게 참으라는 손짓을 계속 보냈다. 노인 2가

반응이 없자, 노인 1은 민망한지 되돌아오며 계속 쌍욕을 해댄다. 그렇게 싸움은 마무리되었고, 나는 목적지에 도착해서 내렸다.

과연 노인 1은, 욕이 가득 찬 음식으로 조상을 어떻게 대했을지 궁금하다. 다른 사람을 배려하는 마음 없이 조상의 제사만 잘 모시면 어디 제대로 된 효도일까 싶다. 그런 행동이 진정한 효는 아니라는 생각이 든다. 사는 것이 어디 욕과 힘으로 되는 일이던가. 더구나 힘으로 하려면 약한 쪽이 지게 마련인데, 이미 늙고 기력이 없으니 서로 조심할 일이다.

홍익인간, 널리 인간을 이롭게 한다는 단군의 건국이념이다. 우리는 교육과 문화에서는 최고의 이념을 갖고, 국민 대부분은 순리대로 그 정신을 이어간다. 모든 행동과 말씨는 삶의 지혜에서 나온다. 적당하게 이해하고 타협해야 하는 줄 알면서도 자기 이익 앞에서 눈이 멀어지는 것은 아닐까.

돌아오는 길, 다시 마주한 지하철 안이다. 할머니 한 분이 짐을 들고 들어오자, 앉아있던 몇몇 젊은이들이 일어났다. 그 사이 젊은 여자는 아이를 당겨 같이 앉아버린다. 엄마 손에 이끌려 자리에 앉았던 아이는, 할머니를 보며 오히려 더 빨리 몸을 일으켰다. 유치원생쯤 되어 보이는 아이는, 재빨리 자리를 비워주며 할머니를 앉게 한다. 아이가 엄마보다 소견所見이 훨씬 앞선다. 그런 심성의 착한 아이들이 많을수록 우리의 내일이 밝지 않을까 싶다.

한글에 새겨진 우주

 궁하면 통한다고 했던가. 무척이나 궁금했던 것을 얼떨결에 만났다. 역학을 배우면서 음양오행과 발음오행이 만들어진 경로가 있는《훈민정음해례본》이 궁금했다. 우연인지 필연인지 그 일부를 문학기행으로 간 대구 간송 미술관에서 밀리는 인파 속에서도 펼쳐놓은 해례본 두 페이지를 사진에 담을 수 있었다.
 그것은 한문과 우리 한글의 자음과 모음, 그것이 합쳐진 한글도 듬성듬성 섞여있어 쉽게 풀이할 수는 없었어도 무척이나 반가웠다. 더욱 좋았던 것은 해례본에 얽힌 책을 손에 넣을 수 있었다. 훈민정음의 창제 목적과 원리 설명을 기록한 책으로 나에게는 학문적 길잡이와 같은 것이었다.
 세종 28년 창제한 초간 원본인 해례본은, 자음과 모음의 제자원리 운용방법 등을 상세히 해설해 놓았다고 했다. 그 이전에 중국의 한문으로만 된 글자는 학자들의 전유물이었다. 세종은 문자문화에서 소외된 백성들을 위해 배우기 쉬운 훈민정음을 만들었다. 그리하여 온 백성을 사랑하는 애민정신과 과학적 원리에 기

반을 두어, 독자적이고 체계적인 발음기관의 형상을 본뜬 초성과 음운학적 원리를 적용한 것이다. 그것은 오직 세종대왕만이 만들 수 있는 것으로, 체계적인 훈민정음은 학문적 연구와 창의적 발상이 결합한 결과임을 알게 되었다.

세종대왕은 몇 년째 발음 연구를 거듭했다. 어느 날 갑자기 세상의 모든 소리를 글로 나타낼 수 있다는 자신감이 생겼다. 그때부터 틈만 나면 발음 오행을 더 쉽게 하려고 왕자와 공주, 후궁들을 모아 소리를 내게 하고 발성 기관을 들여다보기를 반복했다. 먼저 입안의 구조를 관찰하여 혀와 입안이 어떻게 움직이는가를 관찰하여 발음을 연구했다. 우선 다섯 개의 기본 소리인 훈민정음 발음 체계를 만들었다. 그리하여 발음 오행은 직접 소리를 내는 기관의 움직임이나, 모양을 그대로 본떠 만든 글자다.

세종은 1443년에 훈민정음을 창제했고, 3년 후인 1446년에 《훈민정음》을 간행하여 새로운 문자를 세상에 발표했다. 세종대왕의 최고 발명품인 한글 창제 원리인 《훈민정음해례본》은 나무판에 글자를 새겨 판본 형식으로 인쇄되었다. 자음과 모음으로 구성된 음운체계 등이 수록된 이 판본을 해례본이라 한다. 비록 책은 두껍지 않았지만, 그 속에 엄청난 우리 문화유산이 수록되어 있다는 것을 알 수 있었다.

훈민정음을 반포하여 세상에 나왔지만, 한글을 철저하게 금지

한 연산군은 언해본과 함께 해례본도 거둬들이라고 명령했다. 중국 진시황의 분서갱유焚書坑儒처럼 우리 훈민정음 언해본과 함께 해례본이 연산군에 의해 불살라졌다. 그로 인해 해례본은 사람들의 기억 속에 사라졌다. 수백 년을 지나도 책 한 권 전해지지 않아 총 몇 부가 인쇄되었는지도 알 수 없었다고 한다.

  한글을 창제한 뒤 500년이 흘렀다. 1940년 안동에 있는 절 광흥사 나한전의 부처님 복장유물에서 그것은 온전히 보존된 채로 발견되었다. 《훈민정음해례본》을 처음 발견한 서예가 이용준은, 그의 스승인 국문학자 김태준에게 그것을 보여주었다. 김태준은 즉시 인품 좋고 학식을 갖춘 전형필을 찾아가 《훈민정음해례본》을 넘기는 조건으로 기와집 한 채 값인 천 원을 요구했다. 이에 간송 전형필 선생은 기와집 열한 채 값 일만 일천 원을 지불해 구했지만, 시대가 시대인 만큼 조심스러워 품에 지니고 다니며 지켜냈다.

  한글은 체계적이고 과학적이다. 가치를 알기 쉽고 쓰기 쉬운 발음 오행을 만든 덕분에 역사 기록과 과학적 검증을 바탕으로 훈민정음의 가치는 재조명되었다. 그 결과 온 국민이 읽고 쓰기 좋은 문자가 되었다. 그것은 한국인의 정체성을 형성하는 근간이 되었다.

  나는 수년간 역학 공부를 하고 있었다. 음양오행과 발음오행을 배우면서, 문자에도 생명이 숨 쉬고 있다는 것을 알지 못했더라면, 크게 궁금하지 않았을지도 모른다. 내가 공부하는 역학과 훈민정음의 발음 오행은 다르지 않았다. 온 우주의 기운원리를 음양오행과 발음 오행에서 하늘과 땅, 그리고 인간의 숨결로 이 세상의 이치를 깨닫게 했으니 어찌 반갑지 아니하랴. 결국 이것은 모두, 사람의 소통과 우주 질서를 위한 공부였다.

훈민정음 해례본에 나오는 자음에 의한 발음오행

ㄱ, ㅋ: 어금니 소리 아음牙音이며 오행은 木

ㄴ, ㄷ, ㄹ, ㅌ: 혓소리 설음舌音이며 오행은 火

ㅇ, ㅎ: 목구멍소리 후음喉音이고 오행은 土

ㅅ, ㅈ, ㅊ: 잇소리 치음齒音이 되며 오행은 金

ㅁ, ㅂ, ㅍ: 입술소리 순음脣音이며 오행은 水

언해본과는 약간의 차이는 있지만, 주로 해례본을 많이 쓴다. 한때 역학에 이어 성명학을 배운 적이 있다. 첫 번째 도전해 본 것이 내 이름을 풀어보는 것이었다. 음력 5월생인 나는 오뉴월 땡볕을 식히는 물이 많이 필요하다. 오행으로 찾아보니 물을 생하는 쇠金와 물水이 제격이다. 'ㅁ'과 'ㅈ'이 두 글자를 넣어 맞춰봤다. 뜻이 좋은 글자는 있었으나 어감이 마뜩찮았다. 지인들은 하

나같이 '영글다'의 뜻을 가진 본래 이름이 좋다고 한다. 막상 나이 칠십 줄에 바뀔 이름을 생각하니 어설프다. 그나마 조금 나은 조정의 옥새처럼 느껴지는 민정玟珽을 살려 내 호號로 삼기로 했다.

이젠 수필도 공부한다. 세종대왕께서 백성을 위해 내려주신 한글의 자음과 모음을 섞어가며 세상사는 이야기를 엮어 모은다.《훈민정음해례본》을 알게 된 것에 자긍심을 갖는다. 그 책이 이 세상에 발견하지 못했다면, 나는 발음오행을 만든 원리도 모르고 살았을 것이다. 한 권의 책이 전해짐으로써 나에게는 큰 자부심이다.

한 권의 해례본이 오백 년의 망각을 뚫고, 알기 쉽게 해석되어 내 손에 닿았다. 그 안에는 백성을 향한 깊은 사랑과 더불어, 혀의 움직임과 목구멍의 떨림 속에 우주의 기운이 새겨지는 경이로운 질서가 담겨 있었다. 나는 이제 더 이상 복잡한 역학易學의 이치를 굳이 외부에서 찾으려 하지 않는다.

내가 매일 쓰고 말하는 한글이야말로 하늘과 땅, 인간을 연결하는 소리이자 오행이며, 삶의 이치가 완벽하게 녹아든 성스러운 지도임을 깨달았기 때문이다. 세종대왕의 위대한 애민愛民이 준 이 소리의 설계도를 따라, 나는 오늘도 내 안의 우주를 짓는 글을 써 내려간다.

사북

진열대 앞에서 걸음을 멈칫한다. 집에는 종류별로 가위가 있다. 재단 가위부터 쪽가위까지 다양한 가위가 있지만, 머리카락을 손질하기 위해 또 다른 가위를 선보고 있다. 모양이 예쁜 것보다, 어떤 것이 뻣뻣하지 않고 사각대며 유연할까를 가늠해 본다. 하지만 사용하기 전에는 알 수 없는 노릇이다.

취미 생활에 도취해, 서른이 넘어버린 시기였다. 나로 인하여 동생과 조카의 결혼이 늦어진다는 어머니의 닦달에 쫓기듯 결혼했다. 외항선을 타던 남편은 선장 발령으로 휴가를 한 달 받고 왔다고 했다. 결혼 후 보름 만에 그는 외국으로 훌쩍 떠났다. 결혼 2주 차인데, 집안의 어른이신 어머니와 시동생들뿐이다. 남편은 물론, 여섯 명의 성격도 채 파악하지 못하고 어리둥절하고 있을 사이였다. 남편을 만날 수 있는 것은 오로지 인공위성을 통해야 듣는 전화 목소리뿐이었다.

결혼식 주례는 친정 집안 할아버지께서 서 주셨다. 자라면서 우리 가문에 학자가 많다고 들었다. 주례를 선 할아버지도 여러 어른 중 한 분이시다. 주례사主禮辭는 가위의 사북에 비유했다. 부부란 가위처럼 서로 마주 보며 맞춰가는 사이여야 한다고 말씀하셨다. 너무 헐거워도 조여 붙여도 안 되며 적당히 서로 간격을 맞춰야 한다는 것이었다. 노심초사 서로 노력해야 하는 관계라며 사북처럼 중심을 지키라고 하셨다.

누군가는 말했다. 하필이면 왜 날카로운 가위를 비유해 주례사에 쓰느냐는 그는, 아마도 가위가 날카로운 흉기로 떠올랐던 모양이다. 따지고 보면 세상에 흉기 아닌 것이 없다. 매일 사용하는 불, 전기, 칼 등 이루 다 말할 수 없을 만큼 많은 생활용품도 마찬가지다. 하지만 긍정적으로 보면 실용적 실생활에서는 이로움이 더 많이 작용한다. 그 모두가 우리 일상에 없어서는 안 되는 것들이다. 어떤 것을 일부분만 보는 것은 근시안적이다.

어찌 가위의 양 날개뿐이랴. 나비의 얇은 날갯짓도, 독수리의 힘차고 큰 날개도. 쇳덩어리로 된 비행기의 날개도 중심이 중요하다. 대칭이 맞지 않으면 날 수가 없듯이 사람과 사람 사이도 마음이 맞지 않으면, 서로 불편할 뿐만 아니라 절연絶緣으로 연결될 수 있다.

흔히 하는 말로, 결혼 후 3년은 아름다운 것만 눈에 들어온다고 했던가. 눈에서 멀어지면 마음도 멀어진다는 말도 있다. 남편이 집을 떠난 지 얼마나 지났을까, 가위의 양 날개를 지탱하는 사북에 묘한 균열이 생기기 시작했다. 날이 갈수록 사북은 헐거워져 찢어진 팔랑개비처럼 헛돌았다. 서로 바라보는 시각이 달랐다. 선상 생활의 외로움도 있었겠지만, 깐깐하고 빈틈없는 남편의 성격을 미처 알지 못했고, 오직 나만 정직하게 살면 된다는 생각에 갇혀 있었다.

갈등은 갈등을 낳고, 오해는 오해를 낳는다. 어느 날 가위의 심장인 사북이 '철커덩' 소리를 내며 문제가 생기고 말았다. 그런데도 불구하고 형님을 제치고 둘째 며느리인 내가 시댁의 대소사를 책임져야 한다는 무거운 마음이 있었다. 할아버지의 주례사처럼 사북 같은 사람이 되고자 무던히 노력했건만, 결국 그 말씀을 따르지 못한 결과다.

세월이 흘러 남편은 육지 생활이 시작됐다. 이젠 가위의 사각거림도, 서슬 퍼렇게 세웠던 날도 온데간데없이 사라졌다. 가윗날은 헐겁고 무디어졌다. 사연 많았던 지난날에 맺혔던 매듭을 보기 무색할 정도로 절절히 풀고 있다. 모든 원인은 서로를 파악하지 못했고 너무 일찍 떨어져 살았던 결과라고 스스로 되뇌며, 그래도 무덤에 들어가기 전에 깨달았으니 다행이 아니냐며 너스레를 떨기도 한다.

이제는 서로의 마음을 읽으려 노력한다. 원망과 미움이 점철되어 이혼했더라면, 자식의 가슴에 멍들이며 평생 후회로 남았을 터이다. 가위의 양 날개처럼 서로 맞추려는 노력이 있어야 하는데, 서로의 믿음이 부족했던 것이 아니었을까. 가깝고도 먼 것이 부부 사이라지만 돌아서면 남이 된다. 적당한 거리를 두고 서로의 마음을 읽을 줄 알아야 하는 것을 우리는 온갖 고초를 다 겪은 후에야 비로소 깨달았다.

결국 자기 관점에서 서로 옳다고 주장하며 살았다. 상대를 이기려 했던 것은 마음의 공허함 때문은 아니었는지, 생각해 볼 문제이다. 동등한 입장에서 서로 협력해야 한다는 것을 너무 늦게 알았다. 서로를 이해하지 못하고 원망하며 살았던 지난날, 좋은 시절 다 보내고 이제야 마음을 다잡는다. 다만 조금 더 일찍 알았더라면 우리의 삶이 달라질 수도 있었으련만….

옆지기는 술이 거나하면 행동이 달라진다. 혹시 치매나 뇌졸중이 아닌지 걱정되어 뇌 사진을 찍어봤다. 술이 들어가면 전두엽에서 문제가 생긴다는 것을 너무 늦게 알았다. 예전에 시어머니께서 하셨던 말씀이 이제야 떠올랐다. 대학 시절 친구들과 술을 마시고 장난치다 이 층에서 떨어졌다고 하셨는데, 그때는 예사로 들었지만 이제야 남편을 이해하게 되었다. 이젠 스스로 주량을 조절하니 그만해도 다행이다.

그 이전에는, 모든 행동이 술주정으로 일어나는 것이라 일관했다. 그것을 이해하기까지 너무 많은 시간을 돌아서 왔다. 원망과 분노, 그 숱한 이야기를 필설로 다 얘기 못 하는 것들이지만, 어쩌랴! 술로 인한 전두엽의 장난이었다는 것이니….

오랜만에 반짇고리를 들여다보니 있어야 할 것이 없다. 결혼할 때 반짇고리와 함께 친정어머니가 사준 스테인리스 가위다. 찾다 생각하니 딸아이가 중학교 때 수예시간에 쓴다고 가져갔던 것인데, 그동안 깜빡 잊고 있었다. 어머니가 남긴 선물 같아 애착이 가는 물건이여서 쓰지 않으면 달라고 했다.

처음에는 사각사각, 양날이 서로 잘 맞추어졌던 것이다. 세월만큼 사북은 헐거워졌고, 양날의 이빨은 무디어져 있다. 마치 우리 부부와 닮은꼴이다. 아직 버리기엔 아까워 쓰지 않을지라도 어머니의 마음처럼 오래 간직하고 싶다.

3부
코로나가 남긴 제사문화

어머니의 삼베

사람은 태어나면서 옷을 입기 시작한다. 맨몸을 가리기 위해, 추위를 견뎌내기 위해, 한껏 멋을 부리기 위해 색상도 모양도 다양하다. 미술 도감에도 없는 다양하고 기상천외한 색감도 있다. 평생 갖가지 옷을 입고 살아가지만, 마지막에 입고 가는 옷은 삼베옷 한 벌뿐이다.

요즘 주부들은 실용성을 중요시한다. 세탁이 쉽고 구하기 편한 것들을 즐겨 사용한다. 맞벌이가 대세인 터라 바쁜 일상이기도 하지만, 쉬는 날이라도 자신에게 주어진 일이 있으면 집안일에는 시간을 최소화한다. 나 역시 세탁기의 유용성에 길들어 손빨래의 수고로움은 잘하지 않는 편이다.

미뤄왔던 삼베 홑이불을 손빨래한다. 이는 어머니의 솜씨를 오래 보기 위해서다. 헹구면 헹굴수록 삼베에 먹였던 치자 물과, 한 땀 한 땀 비단에 수놓듯 삼배를 짜던 어머니의 손때가 빠져나가는 것 같아 마음이 급해져 얼른 헹궈낸다. 여름에는 시원한 삼베가 땀을 흡수하고 몸에 붙지 않아서 좋다. 까슬까슬한 삼베를 깔고 덮으면 자고 일어나도 상쾌하다. 이렇듯 쓸모가 좋은 삼베다. 하지만 손빨래를 해야 오래도록 사용할 수 있다는 것을 처음에는 알지 못했다. 생각 없이 세탁기에 넣어 실수를 저지른 탓에 삼베 홑청 하나는 망가져 쓸 수가 없다. 삼베는 시원해서 여름마다 꺼내지만, 역시 손이 많이 가는 번거로움이 있긴 하다.

 삼베를 짜던 시기는 대략 1960년대 전후이다. 내 유년 시절쯤 당시는 서민들의 생활에 요긴하게 쓰이는 삼베를 얻어내기 위해 삼을 재배했던 집도 있었다. 쭉쭉 뻗어 줄기가 보이지 않을 만큼 풍성한 잎은 화가의 세필로 그려놓은 듯 선이 선명했다. 어떤 물감도 따라올 수 없는 진한 녹색 옷을 입었다. 어렸을 때 잠시 삼나무를 보았지만 좋지 못한 소문으로 다시는 우리 동네에서 볼 수 없게 되었다.

 이 식물이 바로 대마이다. 다른 작물을 키우는 것에 비하면 까다롭지 않고, 가뭄에도 잘 자라며 특별히 거름을 주지 않아도 땅의 밑거름만으로도 충분하다. 그렇게 키운 삼을 길쌈해서 옷을 만들어 입으면 아무리 더운 여름이라도 몸에 흐르는 땀을 흡수하고 통기성이 좋아 뽀송한 피부 상태를 유지해 준다. 그러나 서민들 살림에 큰 도움을 주던 대마는 잎에 마약 성분이 있다며 일반 가정의 재배를 금했다.

 나라 법이 그렇다 하니 따를 수밖에 없었다. 야속했지만, 잎에 사람에게 해로운 물질이 들어있다고 하니 어쩌겠는가. 그런 연유로 내 고향에서는 대마 농사를 짓는 사람을 더 이상 보지 못했다. 이후 정부의 허가를 받은 지역에서만 재배하며, 제품 생산과 취급 권한이 주어졌다고 한다.

대마를 키우는 것은 양날의 검이다. 한여름을 시원하게 지내기 위해 옷을 짓기 위한 실용적인 쓰임새와, 순간의 향락을 즐기기 위해 실내에서 몰래 키우는 대마의 위험성은 그 결과가 극명하게 달라진다. 돈이면 무엇이든 구할 수 있는 세상은, 이런 분별력마저 마비시키고 사람을 천천히 죽음으로 몰고 간다. 조상들은 대마를 기르다 보면 쉽게 손에 넣을 수 있었겠지만, 유혹의 잎을 가까이하지 않은 것은 바르게 살고자 하는 마음가짐이었을 것이다.

어머니는 바쁜 농사철에도 짬짬이 길쌈을 했다. 여름철이 되면 이웃들과 함께 버스를 여러 번 갈아타는 번거로움을 마다하지 않고 진영까지 삼을 받으러 갔다. 삼나무를 차곡차곡 쌓아 올려 덮개를 씌워 푹 찐 다음 껍질을 벗겨 말려서 오다 보니 시간이 오래 걸렸다. 부피가 크고 무거워 짊어지기도 하고 머리에 이고 오는 수고로움도 감수했다. 수십 번의 손길이 귀찮고 까다로운 이 일도 그때는 오직 여자들의 몫이라 생각했다.

삼베가 되기까지는 여러 공정을 거친다. 우선 두꺼운 껍질을 물에 불려 삼톱으로 훑어 톺는다. 그다음엔 엄지손톱을 세워 올

올이 가닥을 찢어낸다. 이 일이 끝나면 밑판이 평평하고 두툼한 나무 위에 긴 바지랑대같이 생긴 '쩐지'라는 것을 양쪽으로 세워 삼을 걸친다. 그것을 한 올씩 빼내어 한쪽 끝을 잡아 두 가닥으로 이齒로 물어뜯고 손톱으로 가르고, 삼베가 될 실을 잇기 위해서 삼을 삼는다. 얼마나 물어뜯었으면 '이골이 났다'라는 말이 생겼을까. 그렇게 가닥을 내어 실을 끼워 허벅지에서 비벼내면, 살갗에 피가 맺혀 굳은살로 검게 변하여도 쉼 없이 채반에 사려 낸다.

마당 가운데, 큰 도래(돌 것)를 돌려 묶은 실은 양잿물을 풀어 쪄낸다. 양잿물이 빠질 때까지 깨끗한 물에 헹궈내는 일을 되풀이하면 거칠었던 실은 부드러워진다. 그것을 다시 도래에 걸치고 풀어 사린다. 삼베가 될 실을 나를 때는 바디에 날실을 꿰어가며 한 필 길이로 나른다. 베 매는 날은 더운 여름인데도 마당에서 왕겨 불을 피워가며 실이 서로 붙지 않도록 귀얄이라는 굵은 솔로 치자 물 섞은 풀을 묻혀가며 빗어낸다.

대마에서 삼베가 되는 과정은 이토록 번거롭고 까다롭다. 일의 가짓수가 너무 많아 모두 열거할 수조차 없다. 아무리 힘든 일이라도 아녀자들은 그것으로 가족들이 입을 옷과 이불 홑청을 만들고, 수의를 만들어 놓았다. 살림살이에 당장 필요한 돈을 만들라 치면 밤늦도록 다듬이질하여 장사치들과 거래를 했다. 농사를 지어가며, 그 힘든 과정임에도 불구하고 틈틈이 식구들을 위한 일이라면 묵묵히 해냈다.

북梭에 넣을 씨실을 가락에 감을 때 붕붕 대는 소리가 난다. 세상 물정 모르는 어린 나는, 물레 소리를 어머니의 자장가 삼아 편하게 잠들곤 했다. 찰가닥찰가닥, 바디와 북이 차례로 왼손 오른손을 오가며 날실과 씨실을 엮어낼 때 베틀에서 나는 소리이다. 손과 발을 동시에 움직이며 베를 짜는 모습은 예사롭지 않았다. 그렇게 한 올 한 올 짜서 올린 삼베는, 단순한 천이 아니라 한 겹씩 쌓아 올린 어머니의 삶이고 정성이었다.

어머니는 딸의 결혼 선물로 삼베를 마련해 두었다. 몇 세細인지 몰라도 고운 것과 굵은 것 두 필疋이었다. 한 필은 이불 홑청으로 쓰고 한 필은 아까워서 신주단지 모시듯 고이 간직했다. 장롱 속에 어언 60년이 넘게 까슬까슬한 본래의 성질대로 간직하고 있었다. 변하지 않는 삼베의 본질처럼 자식을 향한 어머니의 사랑을 오랫동안 간직하고 싶은 딸의 마음이다.

요즘은 입을 것이 넘쳐난다. 풍족함 가운데, 우리가 잊고 사는 것은 단지 삼베옷뿐일까? 사람이 죽으면 육신을 감싸주는 옷은 비단도, 가죽도, 모피도 아니다. 오랜 세월 동안 이 땅의 어머니들이 손톱이 갈라지고 비틀어져도, 기어코 만들어 낸 까슬까슬한 삼베 수의 한 벌은, 그 거친 한 땀 속에, 한 생의 덧없음과 그럼에도 멈추지 않았던 숭고한 사랑의 실타래가 묵묵히 엮어 영원으로 이어진다.

코로나가 남긴 제사문화

　코로나19 팬데믹으로 대혼란을 겪었다. 그것이 끝이 난 지 몇 년이 지났지만, 그 여파는 여전하다. 바이러스 확산 방지를 위한 사회적 거리 두기 등, 모임 제한이 우리의 삶의 방식이 급격히 바뀌었다. 사업자들은 너나없이 어렵다며 앞다투듯 폐업에 들어갔다. 역병이 지나간 흔적으로 지금까지도 문 닫은 가게들이 즐비하다.

　부모 형제와 친한 친구도, 불안과 공포로 모두 어쩔 수 없이 거리를 두고 살았다. 격리된 코로나 환자는 물론이고, 혈육이 병원에 입원하고, 죽어 나가도 접근조차 할 수 없었다. 그런 날이 잠시면 지나가리라 믿었지만 3년이란 세월이 흘렀다. 그 이후 사람 만나는 것이 당연하다는 듯 자연히 멀어지고 마음의 거리감도 생겼다. 지금까지도 병원에서는 일반인 면회가 사절되고 있다. 그것도 공휴일인 토, 일요일에만 정해진 시간에 직계가족만 가능하다.

　세상을 떠들썩하게 했던 역병 때문이다. 이후 사람 사는 사회는 너무 빠르게 달라졌다. 나처럼 몸이 편치 못한 사람들은 움직이기가 더 어려웠다. 집안의 대소사에도 참석 못 했고, 밖에서 오려는 사람도 만나기가 두려웠다. 차례 포함 일 년에 여덟 번의 제사를 지내도 젊어서는 괜찮았다. 집 안에서만 맴도니 근력도 기운도 다 빠져나갔다. 조상의 제사는 물 한 그릇이라도 정성이라고 했던 나였다. 막상 기운이 빠지니 대책을 세워야겠다는 생각이 들었다.

첫 번째로 동서들에게 제사 음식을 일임시켰다. 허리를 다친 이후 움직임이 시원찮아 제사 장보기마저 힘들었다. 엘리베이터 없는 4층까지 여러 날을 오르내리는 것이 쉽지 않아서였다. 각자 돌아가면서 말없이 맡은 일에 충실히 행하는 동서들이 고마웠다. 나는 쉽게 옮길 수 없는 탕 종류나 생선 등 육류를 맡았다.

우리는 전통 풍습대로, 조상을 기리는 제사를 지내왔다. 명절이나 기일마다 온 집안 형제자매들이 모여 제사 지내는 것이 일반적이었다. 코로나19를 겪으면서 제사라는 형태를 다시 생각하게 되었다. 지금까지 온 가족이 모여 고인을 기리고 조상에게 감사의 뜻을 표하는 것을 기성세대들은 중요한 전통으로 여겼다. 그것은 정성껏 차린 제사상과 복잡한 절차가 필수였다. 그러나 요즘 젊은 세대들의 생각은, 형식보다 고인을 기리는 마음을 더 중요하다고 여긴다. 이는 본질을 묻는 계기가 되어, 점차 의무적 전통에서 "의미 중심의 문화"로 전환되는 흐름을 느꼈다.

이제 제사는 세대 간 인식 차이도 뚜렷해졌다. 비대면 문화에 익숙한 젊은이들은 부담을 줄이면서도 의미를 지킬 수 있는 현실적인 대안으로 받아들인다. 그러한 일상의 많은 부분을 바꾸어 놓은 것은 전 세계를 강타한 코로나 바이러스다. 그로 인하여 전통으로 내려온 제사 형식과 의미가 아예 생략되거나 간단하게 제사를 지내는 추세이다. 이는 시대 변화에 따른 자연스러운 흐름으로 문화를 바꾸는 계기가 되었다.

제사를 합친다는 주변의 애기를 들었다. 어찌 조상 제사를 그렇게 하겠냐는 생각이 지배적이었지만, 시대에 따라야겠다는 마음도 없지 않았다. 이웃의 이야기를 듣고 보니 내가 너무 안이한 것이 아니냐는 생각이 들었다. 전통도 좋지만, 자라나는 신세대에 맞춰줘야 한다는 생각이 들었다. 그때부터 생각이 달라졌다. 제사를 어느 때를 잡아야 할 것인가. 사람마다 각각의 생각이 달랐다. 제일 큰 어른의 기일에 맞추는 집이 있는가 하면 명절에 조상을 모시는 집도 있었다.

점차 다가오는 일들을 생각해 봤다. 요즘처럼 핵가족 시대에 제사가 많다는 것은 자식들의 앞날에도 바람직하지 않을 수도 있다. 그렇잖아도 조카 녀석이 나에게 넌지시 말한 적도 있다. "형님은 집에 제사가 많으니 신중해서 결혼이 늦어진다."라고 말했다. 귀에 와 닿았다. 조상 제사도 중요하지만, 자식들의 앞날에 길을 막아서는 안 되겠다는 생각이 들었다.

친구의 이야기를 들어보았다. 그의 집에는 애초부터 돌아가신 분의 생일날에 제사 음식처럼 차리지는 않고 간단하게 준비한다고 했다. 그럴싸했다. 근래 몇 년 코로나로 인하여 사람들의 인식이 더 많이 달라졌다.

제사는 조상들이 와서 흠향한다고 믿고 있다. 그리하여 좋아하는 음식과 전해 내려오는 방식대로 음식을 바리바리 만들어 제사상에 올린다. 그런 생각이 미치니 조상을 한데 모셔서 서로 만나게 하는 것은 어떨까라는 생각이 들었다. 어떤 집에서는 추석날을 잡는다고 했다. 추석은 옛날 농경 시대에 햇과일을 조상에게 올리기 위함이었다. 요즘같이 과일이 넘치는 시대에 외국산 과일도 풍부하지만, 우리나라 과일이 아니라서 꺼린다는 집도 있다. 세계가 하나인 시점에 그저 조상이 좋아했던 과일이면 어떠랴 싶다.

날을 어떻게 정할 것인가. 명절이 아니면 어차피 4대조로 넘어가면 시제에 올리게 될 것이니 시제에 맞출 것인가. 조상 중 높은 분을 위주로 할 것인가, 고심 끝에 그럴 것 같으면 새해인 설날을 택해서, 조상님을 함께 모셔야겠다는 생각이 들었다. 어느 해 설날 남편은 출타 중이었다. 미리 넌지시 의논은 해봤지만, 코로나로 인하여 형제들도 오지 않고 자식들과 지내는 제사가 오히려 홀가분했다. 나는 용기를 내어 간事 크게 저질렀다. 여섯 분의 조상님을 모셔 놓고, 세상이 이러이러하니 일 년에 한 번 설날에 만나자며 정중히 고告하였다.

  수십 년을 모셔 온 조상님들과의 만남을 다시 정했다. 조상 생각을 하지 않는 것은 아니지만, 다음 후손들을 생각하여 그렇게 제사를 줄일 수밖에 없었다. 세상은 바뀌고 있다. 잘하고 못한 것이라고 따질 일이 아니다. 아마도 조상님들도 잘한 일이라고 칭찬하지 않을까. 어차피 세상일은 돌고 도는 것이라며….

  나중에 남편에게 알렸다. 우리 세대에서는 제사를 잘 챙겨 지냈지만, 앞날을 생각해서 결정을 내려야 했다. 이 시대를 살아가려면 맞벌이가 대부분인데, 바쁜 자식들이 그 많은 제사를 어떻게 감당하겠냐고, 내가 총대를 메고 제사를 줄이고 조상님을 한데 모았다고 이실직고했다. 남편은 놀라는 기색이 역력했지만, 차분히 자초지종을 듣더니 움직임이 불편한 내 건강 때문인지 마지못해 수긍했다.

  코로나19로 제사 문화에 커다란 변화를 불러왔다. 제사만큼 날짜와 시간을 정확하게 지켜왔던 나도, 어쩔 수 없이 시대에 흐름에 동참하였다. 전통을 시대에 맞춘 유연한 선택이었다. 본질을 잃지 않으면서 마음을 지키는 변화였다. 제사 문화는 시대와 함께 흐를 수밖에 없다. 코로나로 인한 우리 집의 제사 문화는 이렇게 변해가고 있다.

서리, 오래된 만찬

 지금도 생생하게 떠오른다. 그곳에 살던 때를, 세끼 밥도 속이 허전했던 어린 시절의 기억이다. 먹을거리가 넉넉지 않던 시절, 입이 궁금했던 악동들은 남의 밭에 농작물도 한두 개 쯤은 스스럼없이 채취해 먹었다. 우리는 그것을 '서리'라 불렀다. 서리는 그때 농촌 아이들의 문화였다. 계절마다 그 품목이 달라질 수밖에 없다. 지금은 모든 것이 풍족하여 그렇게 할 아이들도 없지만 여차하면 도둑으로 몰리기에 십상이다. 시절 인심이 그렇게 바뀌었다.
 보릿고개가 들이닥치는 봄이면, 너나없이 위해 쑥을 캐러 다녔다. 캐온 쑥으로 버무리를 만들었다. 요즘은 간식거리일 뿐이지만, 그때는 한 끼 식사로도 충분했다. 쌀이 귀했던 때라 주로 쑥에 밀가루를 묻혀 털어서 쪄냈기에 쑥 털털이라고도 했다. 나는 밀가루보다 차지고 달콤한 고구마 가루로 만든 것을 더 좋아했다.
 그때는 떡이 참 귀했다. 동네 잔칫집이나 제사가 든 집이 아니면 구경하기 힘들었다. 열네댓 살 무렵이었다. 한동네에 살기가 좀 팍팍한 집에서 떡을 만들어 팔았다. 그 집을 도울 겸 친구들과 어울려 떡을 주문해 먹었다. 그 어렵던 시절에 아이들이 무슨 여윳돈이 있어서 먹은 것이 아니다. 믿는 구석이 따로 있어서 먼저 저지르고 본 것이다. 보리타작이 끝나면 곳간에서 보리를 서리해서 갚는 조건이었다. 말하자면 먼저 먹고 후에 갚는 일종의 외상 같은 것이었다. 보리로 갚는다고 해서 그 이름도 보리떡이다 불렀다.

쌀가루에 쑥을 갈아 넣었다. 둥글넓적하게 만든 쑥떡은 지금 생각해도 군침이 절로 돈다. 기껏해야 끓는 물에 살짝 익혀 건진 다음, 그 위에 콩고물을 흩뿌린 것이다. 어른 몰래 친구들과 마주 보며 먹던 떡이 얼마나 맛이 있었던지 경험해 본 사람만 알 것이다. 목에서 목탁 소리가 날 정도이니 꿀떡이 따로 없었다. 그것은 우리 마을에서 예전부터 전해 내려오는 군것질 문화였다. 어른들 몰래 하는 일이었지만, 어른들이 알아도 당연히 모르는 체 눈감아 주었으리라.

여름이 되면, 모깃불 옆에 또래들이 불나방처럼 모여든다. 그들은 또 먹을 것을 찾아 해루질에 나섰다. 철사로 솜을 꽁꽁 뭉쳐 긴 대나무 끝에 달고 석유를 흠뻑 적셔 불을 붙이면 훌륭한 횃불이 되었다. 우리는 그것을 바다에 해 보러 간다고 말했다.

어느 여름밤이었다. 노를 저을 줄 아는 친구가 우리를 데리고 섬으로 갔다. 그 친구는 우리 동네에서 맨 처음으로 여자 어부가 된 아이다. 그를 배에 혼자 남겨두고 모두 횃불을 들고 바닷물에 들어갔다. 낙지며 가재, 게는 사람이 들어가 물결만 일렁여도 얼른 종적을 감춘다. 보자마자 잽싸게 갈고리로 건져 올려야 한다. 재수가 좋으면 문어를 잡을 때도 있었다. 바다는 언제라도 찾아가면 필요한 만큼 우리에게 먹을거리를 내어주었다.

  섬 한 바퀴를 돌았더니 생각했던 것보다 수확이 쏠쏠했다. 잡은 것들이 너무 무거워 물살에 떠밀려 온 컨테이너라 불리는 커다란 플라스틱 박스에 담았다. 한 바퀴를 더 돌고 배에 남아있는 친구를 불렀지만, 대답이 없었다. 덜컥 겁이 났다. 온 섬을 돌며 입을 모아 목이 터져라 불렀더니 멀리서 화답하는 소리가 겨우 들렸다. 친구는 한참 후에야 노를 저어 왔다. 잠이 들어 배가 멀리 떠내려갔었다고 했다. 그러는 동안 잡아놓았던 어획물은 이미 도망가고 박스는 텅 비어 있었다. 잡는 재미는 있었지만, 결국 바다에 도로 방생한 셈이 되었다. 그날은 허출한 배를 채울 수 없었다. 여름밤 바다만 보면 그때 함께 어울렸던 친구들의 모습이 눈앞에 아른거린다.

  옥수수수염이 갈색으로 물들 즈음이면, 옥수수와 고구마를 서리했다. 고구마가 크면 흙이 갈라지므로 그 틈에 손을 넣어 파낸다. 어쩌다 어른들에게 들켜 '에끼 놈들' 한마디 들어도, 아이들은 아랑곳없이 옥수수와 고구마를 구워 먹는 재미에 빠졌다. 한 명당 두세 개면 족하니 어른들도 그러려니 하던 시절이었다. 아이들이 재미로 하는 서리를 농부들은 도둑으로 몰지 않았다.

그때는, 농사를 짓고 살만한 집이라도 쌀밥만 먹고 살 수는 없었다. 가마솥에 밥을 안치면 삶아 놓은 보리쌀을 가장자리로 밀치고 쌀은 가운데 자리에 놓는다. 쌀밥은 어른들과 어린아이들 차지다. 남은 쌀밥은 휘휘 저어 보리밥과 섞어서 남은 식구 몫이 된다. 여자들은 명절 때나 생일이 되어야 하얀 쌀밥을 먹을 수 있었다.

가을걷이를 하고 나면, 그때부터 농한기가 시작된다. 긴긴 겨울밤에는 어른 아이 없이 화투놀이를 즐겼다. 화투를 칠 줄 몰랐던 나는 올케에게 배웠다. 친구들과 모이면 화투로 그림 맞추기에 재미를 붙였다. 요즘처럼 돈을 거는 것은 아니었다. 검지 중지를 모아 입김을 호호 불어, 게임에서 진 사람의 팔뚝 때리기, 꿀밤 먹이기가 전부였다. 그것도 시들해지고 배가 출출해지면, 장난기가 발동해 또 모의하고 행동에 들어갔다.

겨울밤이 으슥해지기를 기다렸다가 군밥을 해 먹는다. 여유가 있는 아이들은 집에서 쌀을 가져왔다. 나는 밤길에 겁이 많고 서리에 나서지 못하니 쌀로 대신했다. 나머지 친구들은 반찬 서리에 나섰다. 우리 동네 이발소는 배추김치에 조기를 통째로 넣어 맛 좋기로 소문난 집이었다. 그런 집은 사정없이 장독 서리를 당했다. 주로 김치 종류였지만, 다른 것이 있으면 꼭 먹을 만큼만 가져왔다. 그때는 시금치도 귀하던 시절이었다. 시금치와 상추는 애저녁에 이웃 남새밭에서 받아 놨다. 그 시절은 돼지고기 소고기 반찬은 언감생심이었다. 눈을 부라리며 먹었던 상추쌈만으로도 꿀맛이었다.

지금은 쌀이 남아돌지만, 밥보다 맛난 먹을거리가 넘쳐나는 풍요의 시대에 살고 있다. 쌀밥 위에 진귀한 고기를 얹어 쌈을 싸 먹어도 그 깊은 맛의 귀함을 모른다. 오히려 보리밥은 옛 시절의 추억을 더듬어 찾아먹는 별미가 되었다. 물자가 귀했던 지난날을 겪어왔기에, 부족했음에도 피어나던 그 모든 일들은, 마음에 지워지지 않는 아름다운 훈장처럼 남아있다. 이렇듯 모든 것은 그리움이 된다. 정겹던 동네를 내려다보면 세월의 파고를 넘어, 어릴 때 눈에 익었던 마을은 크게 변모했다. 바지락 잡고 쏙을 잡던 갯벌은 이제 아무도 찾지 않는 적막한 풍경이다.

온 마음으로 반갑게 맞아주었던 어른들은 보기 드물다. 마을을 지키던 옛 어른들은 대부분 만날 수 없는 고인이 되었고, 낯선 외지인들의 발자국만 가득하다. 서리하여 군밤을 해먹던 또래 친구들의 웃음소리를 듣기는 더욱 힘들다. 하지만 옛 추억은 꿰지 않은 투명한 구슬처럼 가슴속에 이야기로 주렁주렁 매달려 있다. 그 시절의 냄새와 온기가 서려있는 그곳이, 지금 이 순간에도 생생하게 떠오른다.

일흔에 핀 꽃

비가 내리는 오후, 집 전화가 울렸다. "비가 오니 너네 엄마가 생각나네." 수화기 너머 고향 친구 목소리는 목이 메어 있었다. 생뚱맞은 그의 말에 나는 되물었고, 그는 오래전 우리 엄마가 비 오는 날이면, 그 집에 쌀이며 먹을거리를 가져다주셨던 기억을 꺼낸다. 친구의 이야기를 듣고 보니, 이웃에게 정을 베풀었던 엄마의 성정처럼 나는 얼마나 내 주변을 헤아렸는지 돌아보는 기회가 되었다.

친구네 집은 형편이 어려웠긴 했다. 농촌에 살았지만, 변변한 땅뙈기 하나 없고, 마당가에 자그마한 남새밭과 집 건너 몇 평 안 되는 밭 하나가 재산의 전부였다. 부모님과 5남매가 살기에는 모든 것이 부족했을 것이다. 살림을 꾸려나가는 그의 엄마는 봄이면 산과 바다에 나가 돈이 될 만한 것을 찾아다녔다. 가을이면 나락과 고구마 이삭을 줍고, 미꾸라지를 잡고 겨울이면 나무를 해서 팔아야 사는 처지였다.

제법 따끈한 가을이었다, 미꾸라지를 잡으러 가는데 좀 도와달라는 친구의 요청이 있었다. 그를 위해 또래들이 손을 모으기로 했다. 웅덩이가 있는 곳은 우리 동네 부잣집의 추수를 앞둔 논이었다. 우리는 그녀의 지시대로 물을 퍼내기 시작했다. 없는 살림에 돈이 될 만한 미꾸라지가 눈에 들어온 그는, 미처 주변을 살펴볼 생각조차 못했을 것이다. 멀리서 그 광경을 본 논주인 할아버지가 야단을 치며 다가오고 있었다.

그는, 미꾸라지가 든 양동이를 들고 잽싸게 달렸다. 그것을 남의 집 처마 밑에 꼭꼭 숨겼다고 했다. 지팡이를 짚은 불편한 몸으로 숨 가쁘게 쫓아온 논주인은 분을 삼키지 못하였다. 어떻게 찾았는지 양동이를 들고 나온 그는 바싹 마른 가을마당에 미꾸라지를 흩뿌렸다. 그들은 삑삑 소리와 함께 몸을 비틀며 죽어갔다.

동네에서 제일가는 부잣집의 행태다. 여유로운 삶을 영위했지만, 마음은 그렇지 못했다. 무엇보다 안타까운 것은 친구 엄마는 다음 날 새벽 장을 못 갔을 것이고, 식구가 모두 굶었을지도 모른다는 생각이 들었다. 부자의 인심은 곳간에서 난다고 하는데, 눈에 보이지 않는 덕을 쌓는 것도 부자의 몫이거늘…. 수십 년을 축적해 왔던 재물과 함께 그 가족이 해체되고 집안이 몰락했다는 소식을 훗날 바람결에 들었다.

친구는 동네 최초의 소녀 어부였다. 술과 노름으로 재산을 탕진했다는 그의 아버지는 몸피가 작은 데다 해수 기침을 달고 사는 약골이었다. 그런 아버지가 배를 빌려 열네댓 살 밖에 안 된 딸에게 의지해 바다로 나갔다. 동네 남자아이들의 "고기 많이 잡았냐?"라는 물음에 부끄러웠다는 순박한 친구였다. 다행인지 불행인지, 아버지의 바닥난 체력으로 그는 더 이상 배를 타지 않아도 되었다.

얼마나 목말랐을까. 부모님께 매달려 학교 보내달라고 울며불며 애원했건만, 부모님들은 하루하루 살아내기에 급급했다. 나는 친구를 볼 때마다 안쓰럽기만 했다. 더디어 일흔을 넘은 나이에 초등학교 과정을 공부하고 시를 쓰기 시작했다. 결국 친구는 시를 잘 써서 부산 시청에서 상을 탔다며 사진을 보내왔다. 비뚤거리는 글씨지만 친구가 무척 자랑스러워, 평소 들었던 이야기와 그의 글을 인용해 본다.

학교에 가는 대신 고기 잡으러 갔습니다. "꽁치 잡으러 가자. 문어 잡으러 가자." 파도에 흔들리는 작은 배도 무섭지만, 아버지가 더 무서워 배를 탔습니다.
아침 햇살이 고요한 방 안을 비출 때, 나는 가방 대신 낡은 어망을 들고 바다로 나섰습니다. 푸른 하늘은 나에게는 망망대해였고, 친구들의 왁자지껄한 웃음소리는 파도와 갈매기 소리에 묻혀버렸습니다. 열네댓 살, 어린 몸에 뱃멀미는 익숙한 고통이었고, 거친 파도에 맞서 꽁치를 잡아 올리는 일은 그저 살아남기 위한 몸부림이었습니다.

그 파도가 무서워 몸이 떨릴 때마다, 나는 옆에서 묵묵히 그물을 끌어 올리는 아버지의 그림자를 바라보았습니다. 파도가 칠 때마다 아버지의 목소리는 더욱 높아졌습니다. 나는 파도의 울음소리와 아버지의 고함 사이에서 길을 잃었습니다.

학교에 가는 대신 나무하러 갔습니다. 어린 나이에 힘에 부치지만, 바다가 무서워 산으로 갔습니다. 바다를 등지고 산으로 향할 때, 내 발걸음은 꽁꽁 얼어붙은 겨울 땅처럼 무거웠습니다. 등에는 땔감 나무가, 가슴에는 가고 싶었던 학교에 대한 목마름이 가득했습니다. 친구들이 책가방을 메고 학교를 오갈 때, 나는 산속 깊이 숨어 나무를 짊어졌습니다. 어린 나이의 등짐은 세상의 무게처럼 무거웠고, 학교에 가고 싶다는 소원은 입 밖으로 내뱉는 것조차 사치였습니다. 누구도 내게 배움의 길을 열어주지 않았고, 나는 그저 살기 위해 발버둥 쳐야만 했습니다.

하지만, 지금 한글을 배웁니다. 고기 잡느라, 나무하느라 못 배운 한글을 나는 지금 배웁니다. 이제는 학교에 갈 수 있지만, 몸이 너무 아프네요.

세월은 잔인하게 흘러, 어느덧 몸은 병들고 늙었습니다. 하지만 마음속에 타오르던 배움의 불꽃은 꺼지지 않았습니다. 나는 늦게나마 한글을 배우기로 결심했습니다. 내 삶의 모든 문장이 물음표로 가득했던 시간을 이제 마침표로 찍어내고 싶었기 때문입니다. 서툰 손으로 한 획 한 획 글씨를 써 내려갈 때, 나는 비로소 나만의 교실을 만났습니다. 그곳에서는 거친 파도도, 무거운 등짐도 존재하지 않았습니다. 오직 나 자신과, 한없이 넓은 배움의 바다가 있을 뿐이었습니다. 이제야 겨우 학교에 갈 수 있게 되었지만, 몸은 이미 기나긴 고난의 시간을 통과하며 지쳐버렸습니다.

그래도 글을 배울 수 있어 행복합니다. 내 이야기를 쓸 수 있어 행복합니다. 자꾸 잊어버려도, 난 내일도 배우러 갑니다. 글을 배우는 것은 단순한 지식 습득이 아니었습니다. 그것은 내 삶의 모든 파편을 그러모아 하나의 온전한 이야기로 만들어내는 과정이었습니다.

"열심히 살았네요."라는 한 문장에는 수십 년의 고통과 인고의 시간이 농축되어 있었다. 어쩌면 그는 그때부터 새 삶을 쓰고 있었는지도 모른다. 자꾸만 잊어버리는 기억 속에서도 그는 펜을 놓지 않고 내일도 배움의 길을 걸어가리라 믿는다.

문맹의 한恨을 딛고 비로소 자신의 이야기를 쓸 수 있게 된 친구. 그의 비뚤거리는 서툰 글씨는 어떤 명필보다 아름다웠고, 가난과 고통 속에서도 꺾이지 않았던 그의 삶은 가장 숭고한 시詩였다. 이제 그의 삶에 미세먼지 없는 맑게 갠 하늘이 활짝 열리기를, 진심으로 기도한다.

다시 쓰는 삶의 뒤편

내 어린 시절은, 학용품의 질이 매우 좋지 않았다. 여차하면 부러지던 연필심과 자칫 잘못 쓴 글씨를 지우려면, 지우개가 두어 번만 스쳐도 찢어지던 누런 공책이었다. 당시에는 지우개도 생고무나 다름없어 잘 지워지지도 않고 질겼다. 그 시절을 거쳐 온 사람이라면 누구나 한 번쯤은 경험을 해봤을 일이다.

연필과 공책이 늘 부족했다. 모든 것이 귀하던 과거의 기억은 오래 머문다. 어느 겨울, 손이 시리고 굳어 너무 꽉 눌러 잡았던 것일까. 시험 날 연필 세 개가 다 부러졌어도 옆 친구에게도 말을 건네지 못할 만큼 내성적이었다. 가만히 앉아 있으려니 선생님이 와서 연필을 손에 쥐어주셨다. 그 기억 때문인지 나는 지금까지도 펜에 욕심이 많다. 펜과 함께 노트도 욕심껏 사 들인다. 백발이 성성한 나이에도 어울리지 않게 자주 문방구에 들락거리는 것도 그 이유일 거란 생각이 든다.

나는 지금도 종이 한 장도 허투루 쓰지 않는다. 그러다 보니 언제부터인지 이면지에 집착한다. 얼마든지 쓸 수 있는 하얀 뒷면이 아까워 버릴 수가 없다. 가족들의 반대에도 불구하고 집착에 가까우리만큼 모으고 또 모은다. 구석구석 쟁여져 있는 이면지를 보면 마음이 뿌듯하다. 버려지는 그것을 모아 나만의 캔버스로 삼아 즐거운 희망을 그린다.

내 고향은, 바다를 끼고 있는 어촌마을이다. 소싯적, 우리 집에는 작지만 배가 한 척 있었고 부지런한 부모님은 농사도 지으셨다. 누가 앞날을 예측이나 했을까. 어느 날 갑자기 회오리처럼 집안에 불행이 찾아왔다. 창창하던 이십 대 초반의 작은오빠가 사나흘 시름시름 앓다가 갑자기 세상을 떠났다. 오빠가 떠난 후 집안은 황량하기 그지없었다. 부모님은 자식이 먼저 떠난 것이 당신의 죄인 양 바깥출입마저 삼갔다. 식구들은 하나같이 말이 없어졌고 그야말로 조용한 가족이 되었다.

그런 와중에도 나에겐 취미가 있었다. 눈에 보이는 반듯한 종이만 있으면 무엇이든 끼적거리는 것을 좋아했다, 아버지는 학문에 대한 열정이 있는 아이로 보셨는지 칭찬을 아끼지 않으셨다. 그렇지만 내가 원하는 학용품도, 그 무엇도 욕심껏 요구할 수가 없었다. 어린 내 눈에도 배를 팔고 난 이후로 돈 들어오는 길이 막혔기 때문이다.

내 인생에 전반부, 아침마다 집 앞을 쓸고 깨끗하게 청소하는 것이 내게 주어진 임무였다. 그때는 상급 학교를 다니는 아이들이 지나가는 시간이다. 부러운 눈으로 그들의 뒷모습만 물끄러미 바라보곤 했다. 그 시절 나보다 못한 사람들도 있었기에 부모님을 원망하지는 않았지만, 학문에 대한 그리움이 컸다.

차마 입이 떨어지지 않았다. 상급학교는 가지 못하고 나름대로 노력은 했지만, 어디를 가도 최종 학력이 꼬리표였다. 세상 모든 것이 때가 있는 법이듯 더는 내가 어찌할 수 없는 일이 아니라며 마음을 접어야 했다. 포기했지만 내 마음속 열정은 쉽게 떨쳐버릴 수 없었다.

이렇듯 쓰고 난 종이 한 장도, 쓸모가 달라지는 것처럼 나는 기죽지는 않았다. 이면지도 누구를 만나느냐에 따라 쉽게 버려지기도 하고, 귀하게 여기면 쓰임새도 달라진다. 깔끔하게 주변이 정리되고 완벽한 사람보다 조금 느슨한 사람이 편하듯, 지금도 이면지를 앞에 두면 푸근한 마음이 들어 누구에게 후원받은 느낌이 든다.

친구들보다 십 년은 늦게 결혼을 했다. 남편이 그어놓은 울타리 안에서 시동생들의 결혼을 책임져야 했다. 맏이도 아니면서 맏이 역할까지 도맡은 남편이 원망스럽기도 했지만, 연로한 시어머니를 대신해서 내가할 도리려니 생각했다. 그러나 정작 내 자식들이 바라고 원했던 것을 들어주지 못한 채 이미 내 인생은 후반이 되어 있었다.

이면지를 펼치니 어쩌면 내 삶과 닮은꼴이다. 되돌아갈 수 없는 내 유년과 청춘이 이미 채워진 앞면이라면, 이제부터 내가 할 일은 남은 뒷면을 어떻게 쓰는지에 달렸다. 무엇을 그려도 실패의 부담이 없는 이 여백이 좋아, 짬만 나면 친구처럼 마주 앉아 스스럼없이 내 마음을 풀어내고 있다.

종이의 빈틈만 보면 그림 그리듯 글을 그렸다. 오빠가 즐기는 취미 따라 먹을 갈아드리며 눈에 익힌 기억 때문이다. 그러구러 아들이 중, 고등학교에 다닐 즈음 학원을 가지 않고 집에서 공부하는 아이가 안쓰러워, 나도 같은 시간에 한자 공부를 했다. 그럴 때는 두둑하게 모아놓은 이면지가 버팀목이 되어주었다. 쓰고 또 쓰며 세상을 알아갔다. 훗날 사범시험은 한 번에 낙방하고 말았지만, 고진감래라 했듯이 훗날 대학 공부에 많은 도움이 되었다.

내 인생의 이른 가을이었다. 친정 조카들 덕분에 대학 졸업장을 손에 쥐었다. 이젠 이력서조차 필요치 않을 나이가 되었지만, 학문에 대한 열정으로 해냈다는 뿌듯함이 가슴을 먹먹하게 만들었다. 늦었지만 이제 부터라는 마음다짐을 해 본다. 자신감은 없지만 대학 공부를 해낸 만큼의 열정으로 살아보자고 마음먹는다.

나에겐 든든한 이면지가 있다. 쓰다 남은 종이 뒷면에 굳이 부담을 느끼지 않으니 마음이 여유롭다. 쓰고 나면 쓰레기가 아닌, 폐품으로 다시 남을 수 있으니 다행으로 생각한다. 아직 나는 공부할 기력도, 남아있는 이면지도 여유로워 그것을 앞에 놓고 첫 점을 찍으려 펜 끝을 다잡는다. 무엇을 어떻게 시작해 볼까. 내 지난 삶을 되돌아볼까, 미래를 향한 지도를 그려볼까.

  백세시대의 초입에 서서, 나는 이면지의 반을 넘긴 내 인생을 바라본다. 더는 누구의 아내, 누구의 엄마로 머물지 않아도 되는 엷어진 관심이 나에게 준 가장 귀한 선물은, 바로 '나를' 위한 여백이다. 젊은 날의 연필심이 부러진 자리에 이면지를 펼치고 앉으니, 지난날의 상실과 고난이 이제야 비로소 미래를 쓸 수 있는 단단한 바탕이 된다.

  삶은 돌아갈 수 없으나, 남은 절반의 이면지에는 아직 쓰이지 않은 찬란한 문장이 기다린다. 이제 망설임 없이 내 남은 기력과 용기를 쏟아내어, 가장 나다운 문장으로 생의 마지막 페이지를 채워 나갈 것이다.

미물에게 부치는 참회록

잽싸게 달아나야 했다. 방금 전, 다른 가족의 참혹한 광경을 목격했기 때문이다. 친구가 따뜻하고 안정된 곳에 둥지를 틀고 많은 식솔을 거느리고 살았다던 그곳이다. 고소한 냄새가 좋아 찾아들었다. 게다가 먹을거리도 풍부하다고 자랑하던 장소이다. 자리가 참 좋아 어쩌면 그곳을 안식처로 둔 보금자리 같기도 했다.

그들의 삶은 하루아침에 끝났다. 집주인이 무엇인가 찾다가 소스라지게 놀라며 그 자리에 눈이 꽂혔다. 그것은 지난번에 쓰고 씻어둔 튀김 소쿠리였다. 그릇은 비닐봉지에 싸여 있었지만, 이미 속은 검은 배설물로 가득했다. 그는 잠시 눈을 감고 생각에 잠긴 듯 했다. 잠시 비닐봉지를 푸나 싶더니 다시 묶어버렸다. 그것을 풀면 무리가 한꺼번에 쏟아져 나와 집 안을 아수라장으로 만들 것을 알았기 때문이다.

주인은 잠시 후, 수도꼭지를 틀어 물을 가득 채웠다. 봉지 안 무리들은 우왕좌왕 헤엄을 치기 시작했다. 한참을 입구를 붙잡고 있던 주인은 결심한 듯 아래쪽을 찢어 물을 빼냈다. 배설물이 막

앉던 물꼬는 그냥 방치해 두었다. 한참 후 물이 빠진 뒤, 그들은 모두 움직임이 없었다. 주인은 잠시 기도하는 듯 보였다. 나는 그 잔인한 행위 앞에서 비로소 고통받는 미물들의 시선과 합쳐지는 듯 했다. 그리고 다시, 인간의 영역으로 돌아왔다.

  사람들은 해충인 그 무리들을 죽이려고, 살충제를 뿌리고 먹는 약으로 유인을 한다. 하지만, 이런 악조건에서 어떻게라도 살아남아 그들은 종족을 번성시킨다. 더 넓은 자연의 품이 있지만, 그곳은 온도가 너무 낮거나 건조하여 살아가기에 조건이 맞지 않다. 사람 사는 실내가 더 따뜻하고 먹고 살기 좋은 조건이다.

  우리는 조그만 곤충에 불과하지만, 야행성이다. 밝은 곳에서 사람을 만나면 죽음을 면치 못한다. 그들은 우리 모습만 봐도 몸을 움츠린다. 그러므로 낮에는 어둡고 습한 틈새에 숨어 있다가 밤이 되어야 먹이를 찾아 나선다. 무엇이든 잘 먹는 잡식성이여서 음식 찌꺼기뿐만 아니라 비누, 종이, 사람의 머리카락, 심지어 우리 동료의 사체까지도 먹는다. 암컷은 한번 짝짓기로 수차례 알을 낳을 수 있으며, 알집 하나에 수십 마리가 들어있으니 종족 번식에 유리한 몸체를 가졌다.

  얼마 전이었다. 갑자기 베란다에 바퀴벌레가 바글거렸다. 원인을 거슬러 올라가니 아랫집이 이사를 한 후였다. 그렇다고 그 집에 가서 따질 수 없는 일, 살아있는 벌레가 어디를 못 가랴 싶었다. 그나마 실내를 들어오지 않아 다행이라 생각하고, 즉시 약국에 가서 약을 사서, 집 전체를 돌며 약을 짜 발랐더니 효과가 있는 듯했다. 며칠이 지나자 거짓말처럼 눈에 띄지 않았다. 그런 일이 있은 후 안심하고 지내다가 베란다에 살아남은 무리를 보고 아연실색했다.

부산으로 이사 와 처음 봤다. 그때는 갯강구처럼 예사롭게 생각했다. 그들의 은신처는 축축하고 어두컴컴한 창고나 따뜻한 연탄 부뚜막이었다, 어쩌다 부엌에 불을 켜면 우르르 달아나기에 바빴다. 그때는 병을 옮기는 해충이라는 인식이 없었다. 오히려 '강구'라 불리며 돈벌레라 하여 그냥 두던 시절이었다. 하지만 그들이 활개 치던 시대는 가고, 이제는 식중독, 콜레라 등 각종 질병을 옮기는 해충으로 낙인찍혔다.

어느 날, 마루에서 하얀 옥수수 튀밥 같은 것을 발견했다. 웬 튀밥이냐며 가까이 가서 손으로 잡으려는 순간 자지러지게 놀랐다. 알을 막 까고 나오며 꼬물거리는 바퀴벌레 새끼들이었다. 알집 하나에 수십 개의 알이 들어있다고 하더니, 직접 확인해 보니 수십 마리는 족히 되어 보이는 것이 하얗게 엉켜 있었다. 순간 머리 끝이 쭈뼛거려 다른 생각을 할 겨를도 없이 그 위에 약을 뿌렸다.

그들의 생존력은 놀랍다. 우리 눈에 흔히 띄는 독일 바퀴는 한 달이면 알에서 성체가 되고, 머리가 없어도 일주일 이상을 살 수 있다고 한다. 음식을 먹지 않고도 한 달 정도 생존 가능하단다. 검고 반지르르한 날개를 가졌다. 아직 나는 것을 보지 못했지만, 날개가 있는 것 보면 위급한 상황에 되면 날지 않을까. 그들의 활동은 단독으로 보이지만, 서로 신호를 주고받으며 먹이를 찾고 위험도 감지한단다. 먹이를 찾는 능력도 집단적 신호를 통해 효율적으로 이루어진다고 한다. 그들의 활동이 인간사회와 다르지 않다는 생각이 든다.

  부처님은 산목숨을 죽이지 말라고 하셨다. 인간과 미물, 몸체가 크고 작음을 가리지 말라는 뜻일 게다. 그러나 작은 해충 앞에서 나는 본능적으로 손이 먼저 나간다. 약육강식은 자연의 섭리라며 대강 얼버무리고 사는 편이다. 형상이 다를 뿐인 미물들에게 대수롭지 않게 해를 가하는 일이 종종 있다. 알고 지은 죄는 참회 할 수 있지만, 모르고 지은 죄는 미궁 속으로 영원히 묻히기 쉽다는데, 나 또한 순간순간 잊기도 한다. 그러하니 모든 순리를 알고는 있지만 실제로 행하기는 어렵다.

  세상의 모든 생명, 그저 존재 그 자체로 의미를 가진다. 검은 날개를 가진 미물이든, 거대한 몸집의 짐승이든, 혹은 만물의 영장이라 자부하는 인간이든, 우리는 모두 지구라는 튀김 소쿠리 속에서 잠시 공생하는 연약한 존재들이다. 내가 그들의 삶의 터전에 약을 뿌리고 폭력을 가했던 순간순간을 이제 와 깊이 참회

한다.

 이 손에 묻은 보이지 않는 죄업을 씻어내듯, 나는 다시 밤하늘을 올려다보며 속삭인다. 부디 다음 생에는 인간의 이기심이 닿지 않는 광활한 우주 속에서, 그들이 가장 따뜻하고 안정된 존재로 살아가기를, 생명은 결코 크기나 유익함으로 저울질될 수 없음을, 이 아픈 고백 속에 영원히 새긴다.

못밥 한 그릇

  논에 생명을 불어넣는 계절이 돌아왔다. 이양기가 한 번 지나가면 논은 파릇파릇 깨어난다. 기계의 도움으로 벼농사가 쉬워진 오늘, 거머리에게 피를 뜯기거나 맨손으로 풀을 매지 않아도 된다. 쌀이 남아도는 시대, 우리는 너무 쉽게 밥을 먹는다.
  보리가 누렇게 익어갈 때면 농번기가 된다. 쓰레질한 논에 모판을 만들어 볍씨를 뿌리고 이양할 모를 키워낸다. 따끈한 봄 햇살에 논바닥의 물이 데워지면 개구리는 뭉클뭉클 알을 낳고, 이내 부화한 올챙이는 헤엄치며 새까맣게 몰려다닌다. 뒷다리가 나오는가 싶으면 어느새 꼬리를 감추고 개구리로 변신한다.
  모내기하는 날, 아버지는 바가지에 재를 담아주시며 모꾼들의 뒤를 따라다니며 거머리를 떼어주라고 하셨다. 이미 무논에는 어제 찐 못단이 듬성듬성 던져져 있었다. 그것을 모아가며 그들에게 풀어주기는 했지만, 모꾼의 피를 빨아 다리에 대롱거려도 거머리는 차마 떼어내지 못했다.
  모내는 날 밥은 쌀밥에 가깝다. 제철에 익은 완두콩과 유월 동부를 섞어 고슬고슬하게 지은 못밥이다. 반찬이라야 시래깃국과 해묵은 김치, 막 담은 양배추김치, 생멸치 조림에 상추가 전부지만, 들에서 먹는 음식은 꿀맛이다. 그날은 밥그릇도 반찬그릇도 박을 쪼개서 만든 바가지이다. 자연이 준 그대로 자급자족하며 공해가 없던 시절이다. 바가지에서 나는 소박한 냄새는 때맞춰 핀 찔레꽃 향과 어우러져 더욱 상큼했다.

 결국 거머리 잡는 일은 포기하고, 점심을 먹은 후 집으로 돌아왔다. 대문을 들어서니 이웃 아이들이 마루 끝에 앉아 기다렸다는 듯 쳐다보고 있다. 못밥이 먹고 싶었던 모양이다. 그때는 그랬다. 보리밥은커녕 쑥버무리로 점심을 때울 때도 있었다. 남겨뒀던 반찬을 주섬주섬 챙겨 밥을 주자, 아이들은 마파람에 게 눈 감추듯 상을 비웠다. 수십 년이 흐른 지금, 때깔 나는 그릇에 기름기 도는 쌀밥이 넘쳐도 그때 먹었던 못밥만 하랴.

 '배고픈 자식 입에 밥 들어가기'라 했듯이 타들어 가는 논에 아낌없이 물을 날랐다. 논바닥에 물풀이 나면 손으로 긁어 논을 매야 한다. 흙탕물을 일으켜 줘야 양분을 섭취해서 벼가 잘 자란다는 아버지의 지론이셨다. 아버지는 들에 나가면 우리 논만 돌보는 것이 아니었다. 이웃의 물꼬를 돌보고 병든 벼에는 멸구약과 농약을 구분해 치도록 알려주셨다. 그랬던 아버지의 부재에 이웃들은 아쉬움을 토로했다.

멸구 약을 칠 때는 경유를 무논에 부어가며 벼를 씻어 냈다. 농약을 칠 때는 무거운 약통을 짊어지고 손잡이를 이용해 공기를 불어 넣는 일이 왼팔의 몫이었다. 오른팔로는 분무기를 잡고 농약을 골고루 살포해야 하는 것이 피할 수 없는 나의 일이었다. 몸져누운 아버지의 쾌유를 바라며 농사를 배워갔다.

초등학교 때 선생님께서 학생들에게 물었다. 꿈이 뭐냐는 질문에 농사꾼이라고 했다, 농사짓는 부모님을 따르겠다는 뜻이었다. 그것은 부모님을 도와드렸을 때의 즐거움이었으리라. 마냥 농사가 재미있지는 않았다. 형제들이 모두 있을 때는 일을 시키지도 않았고 할 줄도 몰랐다. 결혼해서 떠나고, 직장 따라 도시로 모두 떠났지만, 나는 고향을 등지고 싶지 않았다. 농촌생활은 몸은 좀 고단해도 복잡한 도시생활보다는 농한기가 있어 여유롭다. 땅은 거짓말을 하지 않는다고 아버지는 늘 말씀하셨다. 곡식은 주인의 발소리를 듣고 자란다는 말은 수확 철이 되면 알 수 있다.

한 해의 소출은 농사만큼 진실한 것이 있을까 한여름 뙤약볕 아래 푸르게 자라던 벼들은 가을이 되면 황금빛으로 물든다. 논농사에는 장단점이 있었다. 무더위에 웅덩이에서 물 퍼내기는 힘들었지만, 천수답은 그나마 가을걷이는 쉽다. 벼를 베어 그 자리에서 말리면 된다. 물대기가 쉬웠던 저수지 아래 구릉의 벼는 다루기가 무척 힘들다. 질퍽한 흙탕물에 잠기지 않도록 엮은 생소

나무 위에서 볏단을 묶어 밖으로 날라야 하는 번거로움이 있다.

타작을 하는 날이면 마당을 쓸고 닦았다. 탈곡기에 한 발을 올려 구르며 볏단을 쥔 손은 잽싸게 벼를 훑어 내어야 한다. 맨땅에 타작을 했으니 깨알 같은 돌은 여지없이 나온다. 아무리 살펴 밥을 해도 돌과 뉘가 나오면 부엌에서 일한 사람은 죄인이 된다. 그렇게 농사를 잘 지었어도 흰밥은 잠시뿐이다. 다음 농사에 필요한 자금을 위해 농협에 매상을 하고 나면 보리쌀 섞인 밥 색깔은 평소와 별반 다르지 않다.

아버지는 젊어서는 바다에 나가 일을 하셨다. 작은아들을 갑자기 잃어버리고 낙심한 후 애지중지하던 배도 팔고 농사에 전념하셨다. 아버지의 농사법은 이러했다. 사람은 곡식을 먹음으로써 힘을 쓸 수 있다고 했다. 농사는 사람이 짓고 곡식은 땅이 아니면 키워 낼 수 없으니 모름지기 생산하는 데 힘써야 한다고 했다. 모를 심을 때는 모의 낱을 많이 잡아도 안 되며, 못줄이 너무 촘촘하면 소출이 많을 것 같지만, 그건 욕심에 불과하다는 것이다. 낟알이 작아 오히려 손해라는 것을 젊은 농군들에게 종종 이르셨다.

이제는 농법도 예전 같지는 않다. 농사를 지을 만한 시대가 왔지만, 농군은 줄어들기만 한다. 농사를 짓지 않아도 먹을거리가 넘쳐난다. 젊은이들은 주식主食인 밥보다 빵이나 라면을 더 좋아한다. 패스트푸드를 더 선호하니 쌀은 뒷전으로 밀려난다. 쌀밥이 귀하던 시절에 살았던 어른들도 성인병이 걱정되어 쌀밥을 꺼린다. 보리밥에 열무비빔밥은 추억이 깃든 별미로 먹는 시대이다.

한여름 뙤약볕 아래 땀을 쏟아야만 얻을 수 있었던 '밥'. 그것은 허기진 배를 채우는 양식을 넘어, 삶의 진실을 품고 있었다. 땅은 흘린 땀만큼 정직하게 보답했고, 그 땀방울은 곧 삶의 성실함이자 겸손이었다. 이제 기계가 모든 것을 대신하고, 먹을 것이 넘쳐나는 시대가 되었다. 사람들은 '농자천하지대본'이라는 오래된 가치를 잊고, 땅을 등지고 도시로 향한다.

그러나 삶의 터전을 일구며 흘렸던 땀과 고단함은 결코 사라지지 않는다. 벼가 주인의 발소리를 듣고 자라듯, 우리의 삶도 성실한 발걸음과 땀방울로 완성된다는 것을 나는 여전히 믿는다. 땀 흘려 얻은 못밥 한 그릇, 그 속에 담긴 삶의 진실과 소중함은 결코 변하지 않는 가치로 남을 것이기에.

스물둘, 봄에 흩어진 잔영

  나에게 작은 오빠는, 애달픈 슬픔으로 각인되어 있다. 짧은 스물두 해의 봄, 그 잔영이 흐리기 전에, 애틋한 슬픔을 기억하려 한다. 오랜 시간 뇌리에 남아있던 기억의 조각들은 이제 사진을 봐야만 되살아나니 말이다.

  진달래 피는 봄이 오면 유독 선명해지던 얼굴, 같이 생활했던 세월보다 몇 배의 그리움이 흘렀다. 짧은 만남 뒤 긴 이별, 홀연히 떠난 그 빈자리를 채우기는 참 힘들었다. 인연의 고리를 끊지 못해 생각만 해도 눈물이 나곤 했다. 이제 그 끈을 놓아줄 때가 되었나 보다. 조카들에게도 할 만큼 했으니 이제 제사는 놓아도 된다고 말했다.

  보리가 융단처럼 파랗게 깔려 있던 어느 날이었다. 사나흘 감기처럼 앓던 작은오빠는 어느 날 밤 천정이 무너지듯 큰 숨을 몰아쉬며 세상을 떠났다. 통영 적십자 병원에서 의사와 간호사가 도착했지만, 이미 숨을 거둔 뒤였다. 그 자리에서 사망 선고를 내린 의사가 그렇게 원망스러울 수가 없었다.

다음 날부터 장례 준비가 시작되었다. 다행인지 불행인지 때마침 머지않은 마을에 살았던 또래의 처녀가 세상을 떠났다는 소문이 있었다. 영혼 결혼을 시킨다고 했다. 인물이 좋았던 오빠는 손사래를 쳤겠지만, 살아있는 사람의 몫은 그것이 아니었다. 성장한 처녀 총각이니 어른들은 영혼 결혼이 당연하다는 듯 쉽게 결정을 내렸다.

작은오빠와 나는 열두 살 차이다. 성격 좋았던 총각이 갑자기 세상을 떠났다. 보내는 아쉬움에 동네 아낙들도 꽃상여를 메고 눈물로 이별을 고했다. 오빠 친구들은 "해는 져서 어두운데."로 시작하는 〈고향 생각〉을 불렀고, 앞소리 하던 노인도 마이크를 잡았던 손을 내려놓았다. 열두 상두꾼에게 몸을 맡긴 채 신작로에 먼지만 일으키며 작은오빠는 홀연히 떠나갔다.

그때 받은 충격은 컸다. 세월이 흘러도 내 뇌리를 떠나지 않았고 해마다 진달래 피는 계절이 오면 더욱 눈물짓곤 했다. "우리 오빠 말 타고 서울 가시면 비단구두 사가지고 오신다더니."라는 동요 〈오빠 생각〉이 있다. 이 노래 작사가 최순애는 서울 간 오빠를 기다리며 가사를 썼다고 한다. 그 노래를 들을 때면 꽃상여를 타고 기약도 없이 떠난 오빠 생각에 북받치는 눈물을 감출 수가 없었다.

더 안타까운 것은 엄마였다. 찢긴 가슴으로 울컥울컥 선혈을 올렸다. 논밭에 나가 일을 해도 눈물인지 땀인지 얼룩진 눈가는 늘 퉁퉁 부어 있었다. 자식이 저 세상으로 떠난 것이 부모의 탓인 양 사람 만나는 것조차 꺼려 했다. 부모의 마음을 어떻게 다 헤아리랴. 어떤 인연으로 자식으로 태어났다가 부모의 가슴을 갈기갈기 찢어 놓고 가게 되었는지, 잠시 인연이란 무엇인지 생각해 본다. 스물두 살의 오빠와 나는 단 10년의 짧은 인연이었다. 그리고 수십 년의 그리움….

　엄마는 굿을 자주했다. 영혼이라도 만나 못다 한 이야기라도 들을 심사였다. 무당의 주술은 엄마를 달래기에 안성맞춤이었다. "좋은 데 가서 잘 살고 있으니 걱정 말고 잘 지내라."라는 오빠의 말을 받아서 전해 주듯 했다. 무당은 엄마의 마음을 편안히 하려는 것이었으리라. 그녀는 잡은 대를 흔들며 식구들에게 다가왔다. 사랑하는 오빠의 분신이 나를 감싸 주는 것 같아 나는 그 대 끝이 싫지가 않았다.

　부모님에겐 그랬다. 인물 좋은 두 아들은 성격이 좋은 데다 효성까지 지극하니, 열 자식 안 부러운 아들이었다. 동네 사람들도 우리 집을 부러워했으니 부자 소리는 못 들어도 늘 화기애애하고 따뜻한 집안이었다. 큰오빠는 8년 군대 생활을 마치고 왔고, 작은오빠는 군대 가기 전 아버지를 도우며 배를 탔다.

　작은오빠가 세상을 떠나고, 아버지는 몇 년간 배를 매달아 놓앉다. 몇 년의 세월이 흘러 묶어놓았던 배의 밧줄을 풀었다. 짙은 파래와 작은 바다생물이 배 바닥 부분에 다닥다닥 붙어 있었다. 그것을 떼어내기 위해 짚불로 태우는 작업을 마치고 어업 나갈 준비를 마쳤다. 오빠를 대신한 선원을 데리고 작은 삼촌과 함께 바다에 나가는 날이었다. 동이에 물을 이고 간 나는 아버지께 잘 다녀오시란 인사도 하지 못하고 집에 돌아오는 내내 눈물만 펑펑 쏟았다.

그렇게 얼마간 배를 움직였다. 죽은 자식을 잊으려 안간힘을 쓰셨으리라. 아버지는 끝내 배를 팔아버렸다. 어느 것도 자식을 대신할 수 없는 허한 마음 때문이었을 것이리라. 엄마와 달리 속으로만 가슴앓이하던 아버지는 바다일 대신 농사에만 전념했다. 그 이후 집안 형편도 예전 같지만은 않았다.

세월은 흘러 부모님도 큰오빠도 웃어른은 모두 세상을 떠났다. 다만 조카들에게 어른으로서 해야 할 일이 남아 있는 것 같았다. 아버지를 닮아 효성이 지극한 조카는 지금까지 삼촌의 제사를 지내고 있다. 말없이 정성을 다하니 미안스러워 이제 그만해도 되지 않겠냐고 이야기를 했다. 조카는 그것보다 먼저 할 것이 있다고 했다. 영혼 결혼을 시켜 나란히 있던 올케의 무덤이 자꾸 꺼져가고 있다고 한다. 막상 산소를 손을 보려다가, 생각을 바꿨나 보다. 나이가 있으니 앞으로 성묘가 걱정되고, 차라리 화장을 해

드리는 것이 어떻겠냐는 것이었다. 나는 이미 지수화풍地水火風으로 자연에 흡수되었으니, 그냥 두어도 되지 않겠냐고 했지만, 조카의 말을 들을 수밖에 없었다.

파묘는 생각했던 것보다 어려움이 많았다. 비록 유골이지만 생몰시기를 알기 위해 서류 확인 절차를 법적으로 밟아야 했다. 그것은 혈육만이 할 수 있는 것이었다. 육십여 년이 지난 시점에 와서 얼굴 모르는 올케의 친정 찾기는 어려웠다. 그 동네 살던 초등학교 동창인 내 친구에게 부탁을 했다. 그 친구도 객지에 살고 있으니 그 지인의 연고를 모른다는 것이었다. 영가의 호적 이름과 집에서 부르던 이름이 달라 찾기가 무척 힘들다고 했다.

일단 산소가 있는 면사무소에 가서 파묘신고를 해야 했다. 그런 다음에 면 직원이 와서 산소 사진을 찍어서 확인을 해야 한단다. 면사무소 직원은 아무런 관련이 없는 사람인데 왜 신경 쓰느냐고 되묻기도 했다. 실체가 없는 영혼 결혼이었으니 그 직원의 말도 일리가 있었다.

어렵사리 사돈 되는 분은 찾았다. 강원도에 산다는 그는 자신의 고모의 일인데도 관심이 없는 듯했다. 그들이 신경을 쓰지 않으니 일 처리하던 팔순이 넘은 형부가 여기저기 찾아다니며 애를 썼다. 처가의 일에 신경을 많이 쓴 형부 덕분에 일은 잘 처리되어 파묘를 했다. 한 쌍의 묘에서 파낸 유골이 담긴 관이 하얀 종이에 싸인 채 나란히 놓여 있었다. 예전에는 파묘를 하면 그 자리에서 화장을 했다. 그런 다음 유골 가루는 주변 땅에 뿌리면 끝이었다. 지금은 자연환경 때문에 법이 바뀌었다. 방금 사망한 것처럼 절차를 밟아야 화장터에 갈 수 있으므로 여간 까다로운 것이 아니었다.

  수십 년을 삼촌 부부의 제사에 정성을 다한 친정 조카가 더 없이 고맙다. 작은오빠는 인연 따라 어느 유복한 집에 태어났을지도 모른다. 누구의 오빠로 또는 동생으로, 언니로 불리며 행복하게 살았으면 하는 바람이다. 시절이 시절이니 만큼 삼촌 제사는 다음 세대까지 물려주지 않기를 조카에게 바랄 뿐이다.

  세월이 빚어낸 굵은 마디 속에, 영원할 것 같던 슬픔과 지독한 그리움마저 결국 흙의 언어로 돌아갔다. 혈육으로 이어져 짧았던 당신과의 십 년 인연이, 수십 년의 멍울이 되어 내 삶을 감쌌던, 삶이란 이처럼 무엇으로 대신할 수 없는 관계의 준엄한 무게임을 이제야 비로소 깨닫는다. 이름도 모른 채 짝지어졌던 두 영혼을 지수화풍地水火風으로 흩어 자연의 품에 돌려보낸다. 낡은 매듭을 풀어냈으니, 이제 당신은 다음 생의 약속 없이도 평온하리라. 간절한 모정母情이 굿판에서 찾으려 했던 마지막 위안은, 어쩌면 이 묵묵한 놓아줌 속에 완성되어 있는지도 모른다.

4부

목도리

마지막 대화

　시어머니의 첫 기일이다. 조상과 후손이 복을 나눈다는 의미로 음복한다. 평소에 좋아하시던 말랑한 곶감을 먹으니 시어머니 생각에 목이 멘다. 지워진 기억이 남긴 허기로 늘 배고프다던 하소연이 귀에 쟁쟁한데, 자식들이 예와 정성을 다해 차린 음식들을 생전처럼 잘 드셨으리라 믿는다.

　어머님은 제사를 마친 후에는 매번 제기함을 정리하셨다. 친지들이 떠나고 난 뒤 제기를 닦으시던 정갈했던 그 마음을 되짚어본다. 어머니는 평소 부지런해서 새벽잠이 없으신 분이다. 동기간 우애를 중요하게 생각하며 며느리들이 사이좋게 지내도록 항상 배려했다.

　집안 대소사나 명절에 자식들이 모인다. 시어머니는 형제의 우애와 화합을 위해서 모두 한자리에 모이기를 원했다. 집안의 큰 어른이셨지만, 앞장서서 자식들이 화기애애한 분위기가 되도록 유도하셨다. 어머니의 바람처럼 웃고 떠들며 밤을 지새운 며느리들을 위해 먼저 일어나 아침밥을 해놓고 기다리기도 했다.

"세월을 이길 장사는 없다." 하면서도, 나는 죽기 싫다는 말을 종종 하시곤 했다. 어느 날부턴가 여기저기 통증을 호소했다. 병원에 가면 아무런 문제가 없었다. 집에 오면 고통스러워하시니 사흘이 멀다고 병원에 입퇴원을 거듭했다. 하는 수 없이 의사가 있는 집 가까운 요양 병원에 입원을 시켰다. 좀 나으면 모셔 오리라고 생각했던 것이 나의 오산이었다.

아흔이 넘은 어머니의 병명은 치매였다. 입원을 시키고 돌아와 빈방을 보니 집 전체가 텅 빈 느낌이었다. 가족이 옆에 없으니 불안했던 것일까. 어린아이가 엄마를 찾듯, 함께 살았던 막내며느리를 밤새 부르며 찾았다고 한다. 병실을 같이 쓰는 환자들의 수면을 방해하니 병실을 자주 옮기게 되어 안타까웠다.

병세가 나아지면, 집으로 모시겠다던 말이 헛말이 되고 말았다. 어머님이 평소에 하시던 말씀이 생각났다. "한 부모는 열 자식을 거느려도 열 자식은 한 부모를 못 모신다."라는 말이 그냥 지나가는 말은 아니었다. 내 앞에 닥치고 보니 자신만만하게 큰소리쳤던 자신이 부끄러웠다.

어머니께서 병원에 입원한 지 수년이 흘렀다. 그렇게 병실을 시끄럽게 했던 분이 시간이 지날수록 점점 말을 잃어갔다. 멍하니 허공만 바라보고 눈물 흘릴 때가 많아졌다. 나중에는 눈도 입도 모두 닫아버렸다. 식물인간처럼 아무런 반응이 없으시니 찾아

뵙고 이런저런 얘기 나누는 일도 할 수 없게 되었다.

  그날도 으레 그런 마음으로 병실에 들어섰다. 그런데 갑자기 반짝이는 눈빛으로 반색하며 우리 부부를 맞이했다. "에미 왔나? 은주 애비도 왔네." 하시는 목소리 또한 건강했을 때처럼 카랑카랑했다. 어제까지만 해도 아무런 반응이 없었는데 기적이 일어났나 싶었다. 자식들의 안부를 다 묻고 답하기를 한참을 한 후, "에미야, 너 나하고 장사 한번 해 볼라냐?" 했다. "나 친정 사촌 올케와 할까 했는데 마침 네가 왔네." 하시며 리어카 빌려서 멸치 장사하면 너도 살기가 괜찮을 것 같다고 말씀하셨다.

  어머니 퇴원하면 차 한 대 사서 같이 하입시다." 반가운 마음에 앞뒤 생각하지 않고 얼른 어머니의 제의에 동의했다. 요즘 뜨개질은 하느냐며 풍덩하게 조끼를 하나 짜주면 따뜻하게 입고 나가 장사를 하시겠다고 했다. 치매가 오긴 해도 대화가 오가니, 예전 기억 속의 시어머니와 며느리는 이렇게 시간을 보냈다. 나는 녹음을 해서 형제들에게 전송했다. 하지만 다음 날, 막내 시누이가 득달같이 달려갔지만, 어머니는 그전처럼 아무런 반응이 없으셨다.

  어머님은 열아홉에 결혼하셨다고 한다. 층층시하 시부모와 시동생 여덟 형제의 바라지로 고생해도, 시누이들에게 온갖 수모를 겪으며 친정으로 내몰리기 일쑤였단다. 어느 날 한 살배기 아들은 포대기에 감싸 업고, 다섯 살 된 둘째의 손을 잡고 친정을 가면서 〈홍도야 울지 마라〉를 불렀다는 그 노래는 평생 그의 래퍼토리가 되었다. 구슬픈 노래로 울먹이던 엄마의 모습이 아들의 기억 속에 생생하게 남아있는 듯하다.

  견디기 힘들었던 시집살이를 겪은 어머님이 생활 전선에 뛰어든 것은 아버님의 이른 실직 때문이었다고 한다. 병든 노부모를 모시며 젊어서부터 생선 장사로 살림을 책임지셨다. 무거운 생선을 담은 커다란 함지박을 이고 "갈치나 멸치 사이~소" 하고 골목골목 외치고 다녔다. 어느 날 친구들과 길을 가던 둘째는 귀에 익은 목소리를 듣게 되었다. 친구들을 인사시키려고 당신 가까이 다가서는 아들을 보고 소스라치게 놀라 숨었지만, 결국 그 모습을 보이고 민망했다는 말씀도 하셨다.

  그날 이후 남편은 배를 타야겠다는 생각을 굳혔단다. 가난하고 식구 많은 집에서 자기만이라도 돈을 많이 벌어서 어머니의 고생을 덜어드려야겠다고 다짐했다. 마침내 수산대학교 어업학과로 지원하고 자력으로 공부를 마쳤다. 외항선을 탄 이후로 어머니는 생계의 고단함도 생선 반티이도 내려놓으셨다. 그런 후에 어머니가 노심초사 걱정하던 남은 자식들의 결혼까지 둘째 아들이 마무리 지었다.

  어머니가 또 나를 부르며 한마디 하셨다. 아들을 가리키며 괜히 대학을 보냈다고 한다. "왜요?" 하다가 나도 말을 흐렸다. 어머니의 채워지지 않은 뭔가를 나는 알고 있었기 때문이다. 둘째이면서 여태까지 장남 역할을 하고 있음에도 불구하고, 특별히 내세울 게 없는 아들의 삶이 눈에 밟히는 모양이다.

"에미 너한테 참 미안하다." 하시며 난데없이 보양식이라도 좀 해 먹으라고 권하신다. "젊었을 때도 나이 들었다고 못 먹게 하시더니." 나는 무람없이 혼자 중얼거렸다. 내가 서른여섯에 낳은 아들은 어머니에게는 종손이다. 병원에서 나이가 있으니, 순산은 힘들 것이라고 수술을 권했다. 어머니의 손사래에 자연분만하기로 했다. 순산을 기도하며 산통으로 하룻밤을 꼬박 지새웠다. 결국, 아기나 산모 모두 위험하다는 의사의 진단 후에야 수술대에 올랐다. 수술하면서 피를 많이 흘렸으니, 건강관리 잘하라는 의사 선생님의 각별한 주의 사항도 있었다.

멀리 있는 남편에게서 전화가 왔다. 노산에 수술까지 했으니 모유 수유를 할 아기를 위해서, 어머니께 보양식을 부탁해서 먹으라고 신신당부했다. 남편의 마음 씀씀이가 고마웠으나, 나이 들어서 보양식을 하면 좋지 않다는 어른의 말씀을 따를 수밖에 없었다. 어머니의 앞선 마음은 며느리와 손자보다 멀리서 고생하는 아들을 먼저 생각했으리라. 딸 하나 아들 하나면 하늘이 내려준 복이라며, 자식도 더 낳지 말라고 하신 뜻도 알지만, 나는 그때의 어머니의 처사가 몹시 서운했다.

"너는 그렇게 솜씨도 좋았는데 썩혀서 너무 아깝다."라고 하셨다. 건강하실 때처럼 말문을 트시니 막혔던 기억도 터지는 것 같았다. 그렇게 둘째 며느리와 대화한 뒤로는 결국 눈 한번 뜨지 못한 채 세상을 떠나셨다. 어머니는 속에 넣어둔 말씀을 돌아가시기 전에 내게 꼭 하고 싶었던 모양이다.

나는 둘째 며느리다. 큰 형님을 두고 장손 며느리 역할을 한 것은 마음이 편안하지만은 않았다. 어머님은 가끔 내가 낳은 자식보다 들어온 자식들이 더 잘해줘서 복이 많다며 며느리들을 칭찬하셨다, 아마도 더 잘하라는 의미였으리라. 그 어려운 환경 속에서 일곱 자식과 조카 셋을 무탈하게 키워낸 어머니의 삶을 헤아려 본다.

어머님의 삶이, 묵직한 울림으로 남아 문득 가슴을 후벼 파는 날이 있다. 리어카에 멸치를 싣고 골목을 누비던, 당신의 그림자가 이 시대 모든 어머니의 숙명처럼 아른거린다. 치매가 걷어간 기억의 문턱에서 당신이 끝내 내보이고 싶었던 것은, 어쩌면 팍팍한 삶의 모서리를 붙잡고 악착같이 살아낸 자신의 젊은 날이었으리라. 말랑한 곶감처럼 달콤하게 남은 그리움은 이제 뼈아픈 후회와 더불어, 내 삶을 지탱하게 하는 버팀목으로 자리 잡는다.

겨울 동화

 가을이 깊어진다. 사철 푸르른 소나무는 노랗게 변한 솔잎을 떨굴 채비를 한다. 내 고향에서는 갈비라고 부르던 이 솔가리는 화력이 세서 빼놓을 수 없는 부엌 땔감이다. 예전에는 그렇게 귀하던 마른 솔잎이 나무 아래마다 수북이 쌓여 있다. 그것을 바라보며 마음이 푸근해지는 것은 어떤 의미일까?
 겨울이면 어느 집 없이 땔감이 부족했다. 소나무 숲으로 둘러싸인 동네 사람들은 가을부터 떨어진 솔가리를 구하러 산에 자주 올랐다. 겨울 방학이면 아이들도 어김없이 나무꾼이 되었다. 산을 오르다 타작마당이나 추수를 끝낸 논밭의 반반한 빈터라도 만나면, 나무하러 가는 목적도 뒤로한 채 친구들과 어울려 뛰어놀 생각부터 했다.
 운동장이 따로 있을 리 없었다. 일과 놀이가 다르지 않은 듯 산과 들이 운동장이었다. 놀이는 아이들에게 있어 재치이고 힘자랑도 있지만, 무조건 재미있는 것이다. 나무 작대기 하나면 문어 다리와 해바라기 그림이 그려지면 훌륭한 놀이터가 된다. 지금 생각하니 그것이 오징어 게임이었다. 시간 가는 줄 모르고 놀다 보면 뒷전이었던 나무는 당연히 양이 적었다. 갈비는, 금방 화르르 타올랐다가 사라지는, 볏짚과 밀짚보다 불 때기가 훨씬 좋고 마디다. 그러니 우리는 추위도 아랑곳하지 않고 갈비를 긁으러 산으로 향하곤 했다.

농한기가 되면 집마다 한겨울에 대비한다. 집 안 곳곳에 장작을 쌓아 놓았고 긁어 온 갈비를 뭉쳐서 지붕 밑 처마를 따라 빙둘러 쟁여 놓았다. 매서운 겨울바람으로부터 집을 지키고 온기를 유지하려는 어른들의 지혜로운 살림살이였다. 같은 시간에 나무를 해도 다부진 친구들의 나뭇짐은 훨씬 크다. 모두 산에서 땔감을 구하던 때라 나무는 적었고 부지런하지 않고 친구 따라 강남가듯 뒷북치다 보면 겨우 체면 유지만 하고 돌아온다.

갈고리로 갈비를 달달 긁어모았다. 야산에 나무하는 사람은 많고 갈비는 적으니 늘 성에 차지 않았다. 양이 차지 않으면 나무를 타고 올라가 솔방울도 따고 마른 잔가지도 꺾었다. 어쩌다 마른 나무뿌리라도 주우면 산삼이라도 캔 듯 우쭐하였다. 친구들보다 키가 큰 나는 나뭇짐이 제일 작다며 사람들의 놀림감이 되곤 했다. 그래도 부엌 귀퉁이에 수북이 풀어놓으면 엄마는 막내딸이 대견하다며 머리를 쓰다듬곤 하셨다.

욕심 많고 겁이 없는 청년들과 어른들은 달랐다. 낫과 도끼를 가지고 다니면서 소나무를 찍어 댔다. 땔감이 부족하니 나무를 심는 것보다 베는 숫자가 많아 자연히 산은 민둥산으로 변해갔다. 국가에서 나무를 베지 말라고 말려도 목구멍이 포도청이라 하듯 우선 급하니 몰래 나무를 벨 수밖에 없었다. 생솔가지라도 있어야 북풍한설 추위로부터 가족을 지켜낼 수 있으니, 도리가 없지 않은가. 모두가 어려웠던 시절이어서 자연에서 가져오는 것들이라 죄책감 없이 땔감을 구하던 시절이었다.

가끔 산림청 직원들이 순식간에 집에 들이닥칠 때가 있다. 그럴 때는 동네 사람들은 밭에 얌생이 들었다며, 생솔가지가 있는 이웃에게는 서로 암호로 알리기도 했다. 농사에 쓰는 모든 농기구는 나무가 들어가지 않으면 안 된다. 연장을 만들 때 쓰기 위해 집마다 몇 개씩은 여유롭게 있어야 했다. 보릿고개를 넘기기가 어려웠던 시절이었다. 들켜서 벌금을 매기면 곤궁을 면치 못하기 때문에 걸리지 않으려고 모두 촉각을 곤두세웠다.

예로부터 우리나라는, 산이 아름다워 금수강산이라 불렸다. 아름답던 국토는 전쟁을 거치기도 했지만, 부족한 땔감으로 인하여 산은 날로 황폐해졌다. 유엔에서도 한국은 수많은 전쟁으로 인하여, 예전의 푸른 산으로 돌아가기는 어렵겠다는 보고서를 내놓았다고 한다. 산을 보호하기 위해 초등학생이던 우리는 떼를 지어 송충이를 잡으러 다녔고, 민둥산에 나무 심기에 나서기도 했다.

또 산사태가 난 곳에는 잔디 씨앗을 훑어 보냈다. 온 국민이 푸른 산을 조성하기에 한마음으로 뭉쳤다.

그 시기, 박정희 정부가 들어섰다. 경제개발 5주년 계획을 설계해 놓고 차관을 들여오기 위해 대통령이 서독을 방문했을 때였다. 대통령은 프랑크푸르트 공항에 내려 아우토반 고속도로를 달리는 차 안에서 양옆에 펼쳐진 검푸른 숲을 보고 감탄했다고 한다. 돌아오는 비행기에서 내려다본 일본의 푸른 숲과 달리 사막 같은 우리나라 민둥산을 보며 눈물을 흘렸다고 했다. 그때부터 산림녹화가 시작됐다. 새마을 운동이 일어나면서 나라 경제가 조금씩 발전해 나갔다. 차츰 가정마다 살림살이도 나아졌다.

산림녹화는 입산 금지 강화가 핵심이었다. 산림법이 제정되면서 더 이상 산의 벌목도 나무하러 가는 일도 사라졌다. 연탄과 석유로 연료를 바꾸는 집이 늘어났다. 너나없이 숲을 살리는 일에 적극적으로 참여하여 황폐하던 벌거숭이산은 차츰 푸른 옷으로 갈아입었다. 숲과 국토를 살리기 위한 국가 정책이었던 산림녹화는 성공적이었다.

민둥산을 푸른 숲으로 일군 나라는, 전 세계에서 우리나라가 유일하다고 했다. 숲이 우거지고 산세山勢도 달라져 아름다운 금수강산이라는 이름도 되찾았다. 우리나라는 스웨덴, 핀란드, 일본과 함께 세계 4대 산림정책국이 되었다.

평생을 나무를 연구한 고 현신규 박사님의 일화가 생각났다. 그는 평소 산림녹화가 먼저라며 육종 연구에 일생을 바치셨다고 했다. 그의 성을 따서 현 사시나무가 탄생했다. 그는 나라를 부강하게 하는 것은 산림녹화라며 우리나라 전역의 민둥산을 보며 산을 울창하게 만들 방법을 모색했다.

국토 전역에 심을 수 있는 소나무 품종을 개발했다. 그리하여 추위에도 성장이 탁월한 리기테다 소나무 육종에 성공했다. 자신의 몸이 상하더라도 산림녹화가 우선이라고 나무 연구에 매진했다고 전해진다. 나무육종에 힘쓰신 고 현신규 박사님이야말로 진정한 애국자가 아닐까 싶다.

숲이 우거지면서, 가까운 농토는 산짐승들의 놀이터가 되었다. 부근에 농경지를 가진 농부들은 농사를 짓지만, 알곡을 동물들에게 뺏기기 일쑤이니 속앓이만 늘어났다. 차츰 신토불이가 적어지고 수입품이 판을 치니, 외국에서 들어온 신생 식물들과 산짐승들로 인해 산 아래 논밭은 차츰 묵정밭으로 변해가고 있다. 이젠 자연에서 얻어지는 땔감인 석유도 석탄도 환경에 미치는 영향이 크다고 하니 격세지감이 아닐 수 없다.

몇 번의 강산이 변했다. 내 머리에도 하얗게 서리가 내렸다. 문득 친구들과 나무하러 산을 오르내리던 코흘리개 시절이 그립다. 고향이 그리운 것은 내 어린 추억이 묻어 살아 숨 쉬기 때문이리

라. 오늘은 문득 고향에 가고 싶은 날이다. 철없이 뛰어놀던 고향 친구들도 보고 싶다.

목도리

손 감각으로 뜨개질한다. 한참을 떠 올라가다 무늬 모양이 이상해서 자세히 보니 코를 하나 빠뜨렸다. 나이 탓이지 싶다. 눈이 침침하고 시력이 따라주지 않아 실수가 잦다. 얼핏 보면 눈에 띄지 않으나 자꾸만 신경이 쓰인다. 되풀어 빠뜨린 코를 잡고 다시 짜 올린다.

뜨개질을 처음 시작한 것은 여남은 살 때였다. 뒷집에 사는 수남이 집에 놀러 갔을 때였다. 수남이 아버지는 딸에게 뜨개질을 가르쳤다. 어깨 너머로 유심히 보니 나도 할 수 있을 것 같았다. 집으로 돌아와 대나무를 잘게 잘라 뜨개바늘을 만들었다. 언니의 반짇고리를 뒤졌지만, 뜨개실은 없었다. 낙심하고 안방으로 돌아왔을 때 횃대가 눈에 들어왔다. 마침, 그곳에는 아버지의 목도리가 걸려 있었다. 그 목도리를 풀어서 장갑을 짜야겠다고 생각했다.

이엉을 엮고 있는. 아버지께 달려가 목도리를 풀어도 되냐고 여쭈었다. "그리 해라."라며 흔쾌히 허락하셨다. 신이 나서 목도리를 풀기 시작했다. 새것 같은 목도리를 풀고 또 풀었다. 실수로 몇 군데 끊어져 매듭이 생겼다. 목도리의 모양이 점점 망가지고 나서야 아버지가 참 아끼던 것이라는 생각이 났다. 그 시절 그런 목도리는 흔히 볼 수 있는 물건이 아니었다.

  지금에 와서 짐작해 본다. 일본을 자주 드나들었다는 외할아버지께서 주셨다는, 카메라와 동네의 알람시계였던 벽시계가 있었던 것을 보면, 목도리도 맏사위인 아버지에게 선물한 것이 아니었나 싶다. 아마도 그럴 것 같다. 장인의 귀한 선물이니 아버지는 엄동설한 겨울 바다에 나갈 때도 하지 않고 애지중지 아끼던 것이었으리라. 하얀 두루마기를 입고 은회색 목도리를 어깨에 길게 걸친 아버지의 사진은 언제 봐도 멋있다. 희끗희끗한 머리카락과 잘 어울렸는데 내가 괜한 고집을 부려 소중한 목도리만 사라졌다.

  목도리를 푼 실로 처음 만든 것은 장갑이었다. 삐뚤삐뚤 짜임새는 서툴지만, 그해 겨울에는, 뜨개질한 장갑 덕분에 옷 한 벌 걸쳐 입은 듯 따뜻한 겨울을 보냈다. 아버지의 목도리로 시작된 뜨개질은 나의 오랜 취미가 되었다. 철 따라 내 옷과 가족의 옷을 짰다. 열쇠고리, 목도리, 가방, 모자 등을 짜서 지인에게도 선물로 주었다. 아버지를 닮아서 손이 크다는 엄마의 타박도 많이 들었지만 내 손으로 만든 물건을 나누는 일이 마냥 좋았다.

  아버지는 언제나 이웃을 챙기셨다. 어업에 종사하면서 농사를 겸했지만, 그렇게 넉넉한 살림은 아니었다. 바다에 나갔다가 그

물에 걸린 어획물이 있으면 이웃들과 나누었다. 나는 집마다 다니며 아버지의 심부름을 했다. 특히 동네 아낙들이 해산解産을 하면 씨알이 굵은 생선을 보냈다. 부지런함이 몸에 배어 한시도 쉬지 않았던 아버지를 둔 덕분에, 보리밥을 먹었을지라도 나는 배고픔 없이 유년 시절을 보냈다.

끊어진 실타래처럼, 살아가면서 매듭이 없는 사람이 있을까. 옹이처럼 밖으로 불거지는 흠도 있지만, 속으로 뭉쳐 혹 같은 상처를 안고 가는 사람도 있다. 언젠가 엄마가 베 짜는 것을 본 적이 있다. 베틀에서 실이 끊어진 자리에는 명주실 꼬투리를 붙여 가며 매듭 없이 감쪽같이 짰다.

이 험난한 세상을 살아가는 사람은 누구나, 상처 하나쯤은 있지 않을까 싶다. 별것 아닌 흠도 사람에 따라 치명적인 약점이 될 수도 있다, 명주실 꼬투리처럼 표 나지 않고 유연하게 넘길 수 있는 재치가 필요한데, 고희에 이른 나이에도 상대방의 말이 귀에 걸리는 것이 종종 있으니 깊이 숙고할 일이다.

소싯적 물자가 귀하던 시절이었다. 대나무를 깎아 코바늘을 만들었다. 서툴게 만든 코바늘은 여차하면 코가 달아나곤 했다. 손에 힘이 생길 즈음 집에 있는 강철을 쇠줄로 갈아 코바늘을 만들어 썼다. 어린 나이에 그런 엄두를 낸 나에게 아버지는 기특해했다. 내게 꼭 필요한 것이었기에 만들어 낸 그것은 내 첫 번째 아이디어 제품이었다. 부산으로 이사 오면서 이웃 동생에게 주고 왔지만, 과연 나만큼 소중하게 간직했을까.

흠이 드러나지 않게 뜨개질한다. 아버지의 목도리와 어머니의 길쌈을 회상하며, 스스로 뜨고 풀기를 거듭하며 숱한 시행착오가 있었다. 실을 풀다 보면 말 그대로 엉킨 실타래가 되어 통째로 버려야 할 험한 것도 있다. 맺힌 매듭을 고집스럽게 매달려 시작과 끝점을 찾아 실마리를 잡기만 하면 술술 풀려나갔다.

뜨개질도 사람 사는 일과 다르지 않다. 맺고 풀고 다시 엮으며 사는 것이 우리 삶의 모습이고 살아가는 이치인 듯하다. 작은 바늘로 시작된 뜨개질은 정신 수행과 다를 바 없다는 생각이 든다. 살다 보면 알지 못하는 실수로 인간관계가 틀어져 매듭 되어 곤욕을 치를 때도 있다. 그때는 원인을 찾아내어 풀어야 한다. 마음에 매듭이 맺혀 있으면 내가 더 불편하다. 결자해지結者解之, 매듭은 맺은 이가 스스로 풀어야 한다. 마치 엉킨 실타래를 풀어나가듯 처음 매듭진 곳으로 찾아 들어가야 한다. 바늘 하나로 코를 만들어 옷을 짜 올리는 동안 삶의 이치를 깨닫는다.

삶이 팍팍할 때는 뜨개질로 채웠다. 그런 때는 밤낮으로 바늘을 잡아도 더 이상 지치질 않았다. 그렇게 나를 달래며 보낸 시간이 있었다. 그렇게 지어진 옷들도 이젠 세월의 흐름을 따라가지 못해 계절에 맞춰 입을 기회도 적어진다. 가볍고 세탁하기 좋은 옷이 대세이니 뜨개질한 옷은 차츰 손이 덜 간다. 공들여 만든 멀쩡한 옷을 버리기엔 아깝긴 하다. 그나마 뜨개 옷을 좋아하는 사람도 있으나 아무리 정갈하게 입었다지만, 남에게 주기도 미안하기는 하다. 그렇다고 다시 풀어 짜기는 더 힘들다.

아버지의 목도리를 풀어 장갑을 짰던 철없던 막내딸이다. 그 딸이 세상 이치를 알기도 전에 아버지는 세상을 떠났다. 이제 아버지의 나이만큼 되어버린 딸은 살아 계실 때 못한 효도 때문에 가슴이 아려 온다. 결국 아버지에겐 따뜻한 목도리 하나 짜서 돌려드리지 못했다.

목도리를 처음 풀 때, 빙그레 웃으시던 인자한 아버지의 모습, 귀하고 소중한 것도 아깝지 않게 다 내놓으시던 아버지! 당신이 그립고 그리운 겨울입니다.

꽃보다 아름다운 날들

온천천에 벚꽃이 만개했다. 꽃은 꽃대로, 사람들은 사람대로 꽃처럼 활짝 피어 거리를 가득 메웠다. 어찌 이곳뿐이랴, 온 세상이 벚꽃으로 만발하다. 이맘때면 병아리 떼처럼 봄나들이에 쏟아져 나온 사람들만큼, 우리 마을 젊은 여인네들도 들뜬 마음으로 '회치'를 즐기곤 했다.

내가 어릴 적에는 이런 놀이 문화가 있었다. 삼삼오오 친구들과 함께 1년에 한두 번 놀러 가곤 했다. 봄에는 벚꽃 만발한 진해군항제, 가을에는 이순신 장군을 기리는 한산대첩축제가 있었다.

벚나무가 참 귀했던 시절이었다. 지금은 대부분의 도시마다 벚나무 가로수가 조성되어 곳곳에 벚꽃 터널을 이룬다. 내 유년 시절에는 귀한 벚꽃을 보기 위해 멀리까지 꽃구경 가는 때가 있었다. 젊은이들과 아낙네들의 꽃놀이는 확연히 달랐다. 동네 아낙들은 뒷산에서 회치를 했고, 처녀와 총각들은 배를 빌려 진해 벚꽃놀이를 갔다. 열서너 살 때였던가. 친구들과의 첫 벚꽃 나들이로 간 곳은 군항제가 열리는 진해였다.

언니들을 따라가려 했지만, 어리다는 이유로 끼워주지 않았다. 친구들과 모여 배를 전세한 이웃 오빠에게 찾아가 우리도 데려가 달라고 졸랐다. 오빠들은 흔쾌히 허락해 주었고, 결국 언니들 또래와 함께 갈 수 있었다. 꽃구경하러 간다는 들뜬 마음의 잠이 오지 않았다. 아침 일찍 배를 타고 보니 여객선이 아니었다. 여객선은 방이 있어 앉아서 쉴 수도 있고 멀미가 나면 누워서 잘 수도 있다. 꽃놀이 가는 배는 모래를 실어 나르는 모래 운반선이었다. 갑판이 넓은 배를 택한 것을 나중에야 알았다.

트위스트가 유행하던 시절이었다. 야외용 유성기를 틀어놓고 리듬에 맞춰 노래하며 춤을 추었다. 총각들은 처녀들에게 같이 놀아주기를 권하지만, 대부분 순진했던 언니들은 부끄러워 몸을 비틀며 빠져나왔다. 호랑이 같은 오빠들 때문에 주눅 들어 감정 표현을 제대로 못하던 때였지만, 나는 음악 소리에 리듬을 타며 발장단을 맞추었다.

뱃고동 소리가 울리자, 배는 섬들 사이로 유유히 나아갔다. 그저 배를 타고 바다를 구경하는 것만으로도 좋았다. 하지만 얼마쯤 갔을까, 아니나 다를까, 말로만 듣던 '괭이 바다'를 만났다. 배 전체가 파도를 타고 출렁댔다. 내 뱃속도 따라 울렁대며 어지럼증과 함께 멀미가 시작되었다. 속이 든든해야 한다며 어머니가 챙겨주셔서 아침에 먹었던 것까지 토하고 또 토했다. 목에서 쓴

물이 나올 때까지 토했다. 배를 자주 탔던 친구들은 아무렇지 않았다.

 평소 어른들이 당부하던 말씀이 뒤늦게 생각났다. 멀미를 하는 사람은 차를 탈 때는 앞쪽으로 타고, 배를 탈 때는 뒤쪽으로 타야 한다는 것이다. 나는 최대한 배 뒤쪽으로 가서 뱃전에 웅크리고 앉았다. 하지만 멀미는 쉽게 가라앉지 않았다. 아버지는 머리카락이 희끗해질 때까지 어업에 종사하셨다. 이런 험난한 바다를 수없이 넘나들며 성난 파도와 싸웠을 것을 생각하니 어린 나이에도 콧날이 시큰해졌다. 아마도 멀미를 하지 않았다면 모를 일이었다.

 가까스로 육지에 도착했다. 뱃멀미에 시달린 탓에 몸은 지칠 대로 지쳐 있었지만, 탑산에 오르는 길 양쪽에 늘어선 아름드리 나무에서 활짝 핀 벚꽃을 구경하느라 온통 마음을 뺏겼다. 군항제를 보러 갔지만, 무엇을 보았는지 기억은 나지 않고 만개했던 벚꽃만 뇌리에 남아있다. 돌아올 때는 마침 괭이 바다를 먼저 만나 다행히 멀미는 하지 않았다.

 벚꽃을 보면 어렴풋한 기억이 있다. 나보다 열여덟 살이 많은 오빠가 해군에 입대했을 때 부모님은 면회를 자주 다니셨다. 아버지는 떡을 담은 커다란 동구리를 짊어지고, 어머니는 나를 데리고 진해에 있는 오빠에게 면회를 가셨다. 봄이면 집 앞 온천천에 흐드러진 벚꽃을 보며, 어린 시절 아련한 추억에 젖곤 하는 것도 이 때문일까.

 언니들은 나를 못난이라 불렀지만, 그래도 부모님과 오빠 면회를 하러 갔을 그날만큼은 군인들에게는 인기가 있었던 것 같다. 그 시절 군인들의 생활은 열악했었나 보다. 배고픈 군인들은 아이를 보러 온다는 핑계로 엄마 곁에 다가와 허겁지겁 떡을 먹고 갔다. 부대에 들어가면서도 허리춤에 떡을 숨겨 들어가기도 했다. 그것을 본 부모님은 면회를 갈 때마다 짐이 늘어났다.

 봄이면 뒷산 꽃놀이가 큰 볼거리였다. 매년 봄이 되면 연례행사처럼 동네 뒷산에는 잔치가 열렸다. 그날 이곳은 남성 금지 구역이고 여인네들의 봄날이다. 젊은 아낙들의 잔치 회치하는 날이다. 비록 장소는 마을 뒷산이지만, 한껏 치장한 여인들에게는 일년에 한 번 있을까 말까 손꼽히는 날이었다. 장롱 속에 고이 접어 놓았던 한복을 꺼내 입고 연지도 찍어 바르고, 구찌베니도 발라 꽃단장하고 나왔다. 그날은 아이들의 잔칫날이기도 했다.

 고단했던 시집살이하던 며느리들, 억센 남편에게 억눌려 살았던 아내들, 그날은 모두 해방을 만끽한다. 흘러내릴 치마에 대비하여 허리끈을 질끈 동여매고 둥당둥당 장구를 치며 춤과 노래로 저마다의 흥취를 발산하는 날이었다. 어디에 그런 끼를 숨기고 살았는지, 다소곳하기만 했던 아낙들은 그날만큼은 자신을 남김

없이 드러냈다.

 그런 날은 음식도 푸짐했다. 제일 맛있게 먹었던 것은 생멸치 쌈이다. 갑오징어 무침도 있었지만, 뼈를 발라 초고추장에 잔 파와 미나리를 곁들여 버무려진 것을 상추에 싸 먹었던 멸치 쌈은 봄이면 생각나는 음식이다. 올케언니를 따라갔던 회치는 그날 먹었던 봄 멸치 쌈과 함께 아름다운 추억으로 남아있다.

 이제는 회치라는 문화를 찾아보기 힘들다. 언제든 마음만 먹으면 전국 어디든 원하는 관광을 하고 돌아올 수 있기 때문이다. 먹을거리 또한 그 지방 특색을 살린 재료로 입맛대로 해결할 수 있으니 얼마나 좋은 세상인가. 고단했던 시집살이도, 남편들의 사고思考도 세상의 이치 따라 조금씩 변화되어 갔다.

 인생의 가장 아름다운 봄날은, 부모님께서 살아계시고 형제들과 오순도순 함께했던 그 시절이 아니었을까. 곱게 물든 단풍은 꽃보다 아름답다지만, 부모님과 형제들 모두 시간의 덧없음을 따라 단풍처럼 저물어갔다. 쉼 없이 피고 지는 온천천의 꽃잎처럼….

 삶 또한 그렇게 흘러가는 것임을 이제야 깨닫는다. 지금 이 순간, 내 인생의 단풍놀이하는 마음으로, 흘러온 모든 계절의 아름다움을 감사히 여기려 한다. 꽃이 되어 활짝 피어나던 시절의 아름다움과, 단풍이 되어 깊은 색으로 저물어가는 지금의 고요함을 모두 끌어안으며.

옷의 품안에 들다

　해가 바뀐다며 카톡이 요란하다. 어제가 오늘 같고, 오늘이 어제 같은 날이지만, 달력은 어느새 또 한 장 넘어가고 한 해가 지나간다.
　인생 이미 해거름이다. 어떤 옷을 걸쳐도, 아무리 좋은 화장품을 발라도 젊음은 돌아오지 않는다. 늙수그레한 얼굴에는 잔주름이 세월의 서명처럼 깊게 새겨져 있다. 이제는 '예쁘게 보이고 싶다'는 바람보다, 건강하기라도 지켰으면 하는 바람이지만, 나이에 비해서 몸이 먼저 앞선다. 내 소싯적은 언니들에게 겁 없이 덤벼들기도 했지만, 이제는 서로 바라보는 눈길마저 애처롭다.
　나의 오랜 '옷 타령'은 낡은 일기장 같은 기억 속에서 시작되었다. 어릴 적 나는, 빨리 자라 가슴이 봉긋한 예쁜 원피스를 입고 싶었다. 하지만, 그때가 언제였던지 그 시절이 훌쩍 지나 버렸다. 철이 바뀔 때마다 커져가는 키에 맞춰 옷을 갈아입기가 혼란스러웠다. 이제는 있는 것마저 갖춰 입기도 귀찮을 나이다.
　나는 삼남 사녀 중 여섯째, 장삼이사張三李四처럼 별로 달갑지도 않은, 끄트머리 딸 셋을 연달아 난 여형제 중 막내이다. 그래서 새 옷은 내 차지가 아니었다. 언제나 언니들의 옷을 물려받아 입었고, 일 년에 한두 번, 명절이 되어야 비로소 새 옷을 얻어 입을 수 있었다. 어릴 때 찍은 사진을 보면 흰 저고리에 검게 물들인 무명 치마를 입고 있다. 층층이 접힌 치마는 엄마가 길쌈해 지어주신 것이었다. 형제 많은 집안이 누구 할 것 없이 다 그랬다며 나를 달랬다.

내 인생의 첫 번째 새 옷, 대여섯 살 무렵이지 싶다. 노랑 저고리 빨강치마 햇살 따뜻한 마루청에서 자랑스레 옷을 입고 있던 기억이 아직도 선명하다. 호박단 치마저고리라며 이웃 할머니들이 머리를 쓰다듬으며, "예쁘다." 하시던 손길이 지금도 마음에 따뜻하게 남아있다.

내 바로 위의 언니는, 선도 안 보고 데려간다는 셋째 딸이다. 큰언니와 셋째 언니는 엄마를 닮아 코가 오뚝하고 눈이 크며 피부도 뽀얗다. 그런데다 몸매까지 호리호리하니 몸이 가벼워 행동도 재바르다. 아버지를 닮은 둘째 언니와 나는 그저 두루뭉술하고 성격도 넉넉하게 생겼다. 사춘기쯤 되는 나이였다. 못났다는 언니들의 놀림에 심통이 일어나기 시작했다. 못난이라 불러도 당당하게 맞서는 나에게 엄마는 '여 깡패'라 별명을 붙이셨다.

"너 그 언니는 예쁜데…." 하고, 말을 흐리는 것은 내가 못났다는 뜻이 아닐까. 못난 것은 내 잘못이 아니다. 다만 엄마의 여성스러움보다, 선이 굵은 아버지의 남성스러움을 더 닮았을 뿐이다. 다행히 외모보다 다른 재주로 나는 아버지의 사랑을 더 많이 받았다.

어느 날 세일러복 한 벌이 생겼다. 해군인 오빠가 가져왔던 것 같다. 그러나 옷은 나보다 언니에게 더 맞았다. 언니는 예쁜 데다 어떤 옷을 입어도 잘 어울렸다. 꼬마 해군이라 부르며 예쁘다던 그 옷, 나도 한 번쯤은 입고 싶었으나 언니에게 꼭 맞으니 벙어리 냉가슴이었다. 그렇듯 어릴 때부터 나와는 달리 곱게 생겨 예쁨을 많이 받았다. 언니는 운동화를 사주고 나에게 꽃신을 사주면서 내 것이 더 예쁘다고 얼렸지만, 그래서 내 심통이 늘었는지도 모른다.

어떻게 내 마음을 알았을까. 올케는 둘째 조카의 옷을 만들면서 꽃무늬 가득한 잔주름 잡힌 예쁜 스커트를 입혀줬다. 입던 옷을 물려받아 칙칙한 검정 광목 치마만, 입던 내가 가벼운 포플린 치마를 입고 치맛자락을 팔랑대던 기억도 있다. 입어보니 좀 짧았으면 좋겠다 싶었다. 서투른 바느질로 한 단을 기워 올렸다. 그랬더니 무릎이 달랑 나왔다. 아버지께서 보시고 마뜩찮아 하셨다. 껑쭝한 키에 치마가 짧다는 뜻이었다. 눈치를 살피며 나는 하는 수 없이 치맛단을 따 내렸다. 무릎 아래 치렁거리는 치마를 다시 입고 말았다.

오빠가 취직해 부산으로 갔다. 올케는 명절 때마다 옷을 사 왔다. 덕분에 나는 시골 동네에서 제일 먼저 후레아 주름치마를 입었더니 모두 예쁘다며 입을 댔다. 플라스틱 슬리퍼를 처음 보는 친구들의 부러움을 샀으니, 밤새 누가 가져갈까 싶어 숨겨 놓기도 했다. 지금은 흔해 빠진 것이지만 그때는 그랬다.

키가 오뉴월 수숫대처럼 자랄 무렵이었다. 나에게 맞는 옷을 찾기가 쉽지 않았단다. 부산 국제시장을 다 뒤져도 내게 맞는 옷은 없었다고 했다. 결국 올케가 설 명절에 가져온 자주색 목티 두 벌 중 하나는 단짝 친구에게 선물을 했더니 친구에게는 안성맞춤이었다. 그런데 나는 팔목을 드러낸 채 추운 겨울을 견뎠다. 옷이란 늘 나와 어딘가 어긋나 있었던 것이었다.

그때부터 나는 언니들 옷을 받아 입지 않아도 됐다. 다만 시장에 옷을 사러 가면 키에 맞는 옷을 찾기가 쉽지 않았다. 값비싼 백화점엔 맞는 옷이 있었지만, 시골에서 올라온 내가 감당할 수 있는 옷들은 아니었다. 그래서인지 셋째 언니가 내게 원피스를 맞춰주었다. 그것도 허벅지가 드러난 미니 원피스였다. 앉았다가 설 때도 조심스럽고 불편했다. 그해 여름 한 철 입고 나니 다음 해 여름엔 작아 입을 수가 없었다. 내 인생에 처음이자 마지막 미니스커트는 단 여름 한 철뿐이었다.

내가 이십 대가 되었을 때다. 나처럼 키가 큰 사람이 별로 없었으니 큰 옷은 시중에서 찾기가 힘들었다. 그나마 일찌감치 외국에 드나들던 외갓집 오빠 덕분에 남녀 구분 없는 청바지를 즐겨 입게 되었다. 그 바지가 내겐 해방구 같았지만, 그때는 처녀가 청바지를 입어도 눈총을 받던 시절이다. 선남자 같다는 엄마의 지청구에도 별 도리가 없었다. 굳이 치마를 입으려면 양장점에 가서 맞춰 입었다.

결혼 후 몸은 급격히 불어났다. 내 몸에 맞출 수 있는 예쁜 옷은 나와 더 멀어졌다. 그런 저런 이유로 세월이 흘러도 나는 정장을 잘 입지 않는다. 어딘가 모르게 입을 때마다 불편하다. 그래서 죽죽 늘어나는 니트 같은 편한 옷들을 즐겨 입거나, 몸에 걸치면 헐렁하고 편한 옷을 선택한다. 식생활이 바뀌고 생활 패턴이 바뀌면서 키 큰 사람들이 늘어났다. 예전처럼 아래위 훑어보는 사람도 적어졌다. 이젠 키 크고 덩치 좋은 사람도 많아 큰 옷 매장도 생겨났으니 세상 참 좋아졌다.

그저 편한 것이 좋다. 옷 타령하며 예쁨을 갈망하던 시절은 지나고, 이제 번갈아 입는 몇 벌의 옷이 주는 익숙한 안온함만 남았다. 유행을 좇지 않으려는 것이 아니라, 나이가 옷을 입는다고 하지 않던가. 젊은 날 옥죄였던 모든 치수와 규격으로부터 해방되어, 내 몸의 모양대로 순순히 흘러내리는 니트 한 자락에 비로소 가장 편안한 나를 담는다.

  삶의 해거름에 이르러, 이처럼 옷의 품 안에 기댈 수 있게 된 것은 세상의 시선이 아닌 나 자신을 위한 마지막 선택일 것이다. 가장 편안한 옷은 곧, 세상과의 화해 끝에 얻어낸 조용하고 깊은 자존自尊이기 때문이다.

고장 난 지구

 봄의 한가운데, 눈보라처럼 재가 날리는 날들을 연 며칠째 견딘다. 건조주의보 발령이 내린 데다 바람이 더하니 산은 활화산이 되었다. 3월 21일부터 시작한 산불이 22일에는 하루에 31곳에서 동시 다발적으로 일어났다. 이러한 산불은 점점 확산되어서 사상 최악의 산림 피해를 입혔다.
 우리나라뿐만 아니다. 미국, 일본, 중국, 칠레 등에서도 산불로 뿜어내는 열기로 지구 온난화를 부추긴다. 기상 이변으로 북극동토가 힘을 잃었다. 수백만 년 내내 영구 냉동고와 같았던 북극 얼음 층이 급격히 감소되었다고 한다. 그곳에서 매탄가스가 나와서 불이 붙으면 북극은 극도로 온도가 올라갈 것이라고 예고했다.
 이미 오래전에 지구온난화의 예고는 시작되었다. 기후변화와 함께 어류와 식물의 이동도 눈에 띄었다. 연근해에서 난대성 어류와 해조류가 서식한다 싶더니, 그것들이 자꾸 북쪽으로 옮겨가며 우리 선조들의 쉬운 먹을거리였던 동해안의 명태마저 사라졌다. 이 땅에서도 열대식물 재배가 가능해져 생각지도 못했던 과

일들을 손쉽게 맛볼 수 있다.

　지구 온난화로 세계 곳곳에 재앙도 심각해졌다. 산불과 수해, 한파와 가뭄으로 인하여 그 피해가 엄청나다. 코로나의 확산처럼 직접 느끼지는 못할지라도 지구는 서서히 병들어 가고 있다. 민둥산을 재생시킨 산림녹화는 우리나라만큼 잘된 나라는 없다고 한다. 그렇게 울울창창하게 잘 키워놨던 소나무도 기온이 오를수록 재선충이 심해질 것이라 한다. 벌써 짙푸른 산 중간중간 붉게 타들어 가는 소나무들로 온 산이 울긋불긋하니 벌써 감염이 심해진 것 같아 가슴을 아프게 한다. 제선충의 확산으로 소나무가 사라지면 산은 다시 민둥산이 되는 것은 아닐지 자못 걱정이다.

　한때 원자력 건설을 거부하는 생각을 했다. 원자력보다 자연에서 얻어지는 것으로 대처하는 뭔가가 있으리라는 막연한 생각에서였다. 태양열을 이용해서 에너지로 사용한다는 말이 그럴싸했다. 그러나 산과 바다 농지 할 것 없이 곳곳에 설치한 것이 오히려 자연재해를 초래하고 있다. 화력발전소도 탄소 배출의 공해로 환경이 훼손되니 곧 멈출 것이라고 한다.

　원전 가동이 제일 쉬운 것은 자명하다. 무턱대고 원자력 건설을 하기에도 조심스럽긴 하다. 원자력만큼은 호불호가 있지만, 13년 전 후쿠시마 원전 사고처럼, 자연재해 앞에서 인간은 무력하다. 문제는 원자력 폐기물이다. 어느 나라에서도 그것을 완전

소멸시키는 나라는 아직 없다고 한다. 오직 땅속에 묻어 저장만 하고 있는 상태라고 한다. 전 세계가 폭발물을 안고 사는 것과 다르지 않다. 땅속에 묻은 폐기물이나 오염된 장소는 100년이 지나야 정상으로 돌아올 수 있다고 들었다.

 탄소 배출을 막기 위해, 여러 나라에서 석탄 발전소를 폐쇄할 것이라고 한다. 탄소를 얼마나 줄이는가에 따라 지구 환경을 살리느냐 죽이느냐 결판이 난다. 석유 생산 국가인 노르웨이도 석유 생산을 줄이기에 앞장선다고 한다. 나무를 심어 숲을 늘리면 대기 중의 이산화탄소를 흡수하는 데 도움이 된다고 하지만, 자연재해로 숲은 차츰 줄어들고 있다.

 4대강을 살린다고 수천 년 흘러온 강바닥을 파냈다. 그에 대해 사람마다 생각하는 것이 달랐다. 흐르지 못한 강물은 보에 갇혀서 녹조로 변해 강이 썩어 오염이 심해졌다. 급히 서두른 4대강 사업은 득보다 실이 더 많은 것은 아닐까. 이제부터라도 자연을 정복할 것이 아니라 그 리듬에 귀 기울여야 하지 않을까 싶다.

 홍수 때문에 보를 만들었다. 인간이 자연의 힘을 이길 능력은 아직 없다. 자연의 힘을 뉘라서 이길 것인가. 자연훼손은 단순하게 생각할 것이 아니다. 급히 먹은 음식이 체한다고 했던가, 4대강 보 건설은 자연의 순리를 거스르는 행위는 아니었을까.

 예로부터 흐르는 강물 따라 농사짓는 곳이 많다. 모두 다 그런 것은 아니겠지만. 언젠가 시퍼런 녹조가 뒤덮인 물로 논에 물대기 하는 것을 보았다. 청산가리에 버금가는 독성이 매우 강하다는 것이 녹조다. 오뉴월 가뭄에 어쩔 수 없다며 농민들은 논에 물을 댄다. 어떤 음식을 만들어 먹든 쌀은 사람 입으로 들어간다. 농민들의 애환을 모르는 것은 아니지만, 직접적인 피해는 쌀을 주식으로 하는 우리 국민들이다.

쌀만 그런 것이 아니다. 그 강물을 사용하여 키우는 과일과 채소도 마찬가지다. 공기로 전파되어 강 인근에 사는 주민의 콧속에서도 녹조 독성 물질이 나왔다고 하니, 사람의 모든 장기에 영향이 미친다고 봐야 한다. 가축 또한 비켜 갈 수 없는 실정이다.

지금 우리는 호화스러울 만큼 잘 살고 있다. 한겨울에도 하수구에서 김이 모락모락 올라온다. 각 가정에서 뜨거운 물을 사용하고 생활 오수로 흘려보낸 것이다. 그뿐인가, 옷은 얇게 입으면서 실내는 따뜻하기를 원한다. 과학이 발달되면서 자연은 조금씩 파괴되고 있다는 사실을 알고 있지만 실천이 어렵다.

하수구는 사철 모기의 서식지다. 인간의 생활 패턴에 따라 모기도 진화한 듯하다. 추운 날씨인대도 사나흘 날이 따뜻했다 싶으면 여지없이 날아든다. 옛 어른들의 말씀에 처서가 지나면 모기 입이 비뚤어져 물지 못한다고 했는데, 여름에만 들어야 할 모기 소리에 밤잠을 설친다.

북극 해빙의 감소로 우리에게 미치는 영향이 크다. 장마철 집중호우의 피해, 한여름 숨이 막힐 정도의 열기, 예고 없이 찾아온 봄날의 폭설 등 자연재해는 점점 증가해 간다. 수분이 없는 땅의 뜨거운 열기로 인하여, 오늘도 세계 곳곳에 산불이 일어나 온 지구에 열기를 더한다. 자연은 인간에게 오래전부터 경고를 던졌다. 전 세계의 날씨가 고장 난 에어컨의 온도 조절기처럼 혼란스러워졌다.

　사상 최대의 산불로 나라가 발칵 뒤집혔다. 특히 안동과 청송 산불은 자연재해보다 거의 인재에 가깝다고 한다. 개인의 작은 실수가 동시에 일어난 산불로 사상자가 자꾸 늘어난다. 피해자들은 대부분 진화 작업에 들어갔던 대원들과 공무원, 미처 피하지 못한 노약자들이다. 이번 산불로 피해 입은 산이 다시 재생되어 송이버섯을 채취하려면 30년에서 50년이 걸린다고 한다.

　지금 우리는 과학만 너무 믿는 것은 아닐까. 지구에 벌 나비가 사라지면 4년 안에 인간도 살아갈 수가 없으며, 벌을 대체할 곤충은 지구상에 없다고 한다. 자연은 이미 우리에게 경고를 시작한 지 오래다. 지금 지구의 다음 장을 쓸 우리의 몫은 웅장한 과학이 아니라, 겸허하게 자연의 속도에 귀 기울이는 침묵과 기다림일 것이다.

틀니와 모정

 내 치아가 말썽을 부린다. 치료와 함께 오래전 뽑았던 자리에 임플란트를 하기로 했다. 두세 달이면 끝날 것 같았던 것이 여섯 달을 넘어간다. 성의 없는 치료에 시간만 때우는 것 같아 짜증이 많이 났다. 고생한 끝에 겨우 모양새가 나는 치아를 보니, 이런 의료시설이 일찌감치 있었더라면 하는 생각이 든다.
 친정어머니의 칠십 대 후반이었다. 듬성듬성 치아가 빠지기 시작해서 부분 틀니를 해 드리려고 알아보니 그때 시가로 십만 원 정도면 된다고 했다. 어쩐 일인지 치과에서는 치료를 자꾸 미루기만 했다. 이가 다 빠지면 전체 틀니를 하려는가 싶은 생각도 들었다. 차일피일 미루다 시간은 흘러만 갔고, 집안 분위기로 보아 더 이상 버틸 재간이 없어 나의 결혼 준비가 시작되었다.
 그의 휴가 시일에 맞춰 결혼 날짜를 정했다. 둘째인 데다 상대는 나와는 다르게 다부지게 생겼다. 게다가 내가 힘들다 싶으면 적극 도와주겠단다. 아나운서 같은 중저음의 음성이 조금 믿음직스러웠다. 그것들이 장점이라면 장점이었다. 둘째 며느리가 되어서 장손 며느리 역할로 살다 보니, 친정어머니를 돌아볼 겨를이 없었다. 어느새 친정어머니는 합죽이 할머니가 되어 있었다.

언제나 밝고 재미있는 고종사촌 언니가 있다. 늘 백만 불짜리 웃음을 들으려고 전화한다던 언니가 오늘은 울먹이며 전화를 했다. 목소리를 봐서 한참 울었던 눈물 젖은 목소리다. "생때같은 아들을 둘이나 먼저 보내고 외숙모는 어떻게 살았을까?"라며 통곡을 한다. 몇 년 전 노총각 아들을 갑자기 잃고, 가슴앓이를 하고 있는 언니에게 말했다. 엄마의 삶도 그러했노라고, 사람의 힘으로는 도저히 막을 수 없는 그러한 것이 있더라고….

친정어머니도 그랬다. 스물두 살 꽃다운 나이었던 둘째 아들을 손써볼 겨를도 없이 가슴에 묻었다. 그 후 동생의 역할까지 부모님께 효를 다하던, 오십이 된 큰 아들을 급성 간암으로 입원한 지 한 달 만에 또 흙에 묻었다. 보호자와 병원에 갔을 때 어느 분이 환자냐고 묻던 의사가 무색할 정도로 악화가 빨랐다. 어머니는 울컥울컥 뭉친 선혈을 토하며 가슴앓이를 했다.

막내인 남동생이 있었지만, 조카는 장손으로서 제 할 일이라며 할머니를 잘 모셨다. 아버지를 닮아 집안을 두루 잘 챙기는 조카의 정성이 더할 나위 없이 고마웠다. 그렇게 잘 보살피지만 어머니에게도 세월을 이길 수 없는 노환이 왔다. 나는 친정에 가서 어머니의 목욕을 자주 시켜드렸다. 네가 어릴 때는 "내가 씻겼는데 이제는 나한테 목욕을 시키니 엄마 노릇이 바뀌었다."라며 겸연쩍어 하셨다. 이제 자주 오지 말라는 말씀이 미안해서 하는 말인 양 이 순진한 딸은 알아차리지 못했다.

어머니는 한동안 방 안에 누워서만 지냈다. 저 멀리 떨어진 옥상에서 사람의 그림자만 일렁여도 반가웠단다. 대문 앞 구두 소리만 들려도 막내딸인 줄 알고 문을 열고 들어오기를 기다렸다고 한다. 날이 갈수록 노쇠해 가니 병원에 입원을 하고 퇴원하기를 거듭하다 또 입원을 했지만, 그것이 마지막 입원이 될 줄은 몰랐다. 조카는 가족이 자유롭게 드나들도록, 늘 1인실에 할머니를 모셨지만, 날이 갈수록 몸은 쇠약해졌다.

나는 병원에서도 불경을 읽어 드렸다. 아미타경전 따라 밝고 고운 꽃길을 가시도록 쉼 없이 읽고 또 읽었다. 임종이 가까워졌음을 암시하는 의사의 소견을 듣고 퇴원을 시키고 날마다 어머니의 머리맡에서 불경을 염송했다. 임종을 며칠 두고 눈과 입을 닫았고 숨소리마저 차츰 가늘어져 갔다.

일곱 형제 중 나는 여섯째다. 엄마가 마흔 셋에 낳은 늦둥이다. 막내 남동생이 있지만 나보다 더 어른스럽다. 놀기를 좋아하는 나는 일머리가 없다며 어머니에게 지청구를 많이 듣고 자랐다. 그랬던 딸이 어머니를 위해 염불을 한다. 귀는 맨 마지막까지 열려 있다고 하니 듣기는 할 것이다.

임종이 가까워지면서, 가슴에 담겨있던 한恨이 수분으로 빠져 나가는 듯, 물 같은 묽은 변을 남김없이 쏟아냈다. 언니들도 연락을 받고 오는 중이었다. 동생과 조카도 대기하고 있는 상태다. 조카딸들도 학원 업무를 일찍 마치고 할머니를 부르며 방 안에 막 들어와 앉았다. 애지중지하던 손녀들까지 마지막으로 보고 가려고 기다린 것이었을까. 얼굴엔 엷은 미소가 흐르는 듯했다. 잠시 뒤 달깍하는 소리와 함께 가늘게 쉬던 숨도 멎었다.

주검을 직접 마주했다. 경험이 없는 나는 어찌할 바를 몰랐다. 장의사에 연락하니 금방 갈 테니 그대로 가만 모셔두라고 했다. 나중에 도착한 언니는 몸을 닦고 평소에 좋아하던 명주 한복을 입히지 않았다고 타박을 했다. 미리 알아놨으면 좋았을 것을….

뒤늦게 열어본 옷장 서랍, 맨 위에 평소 좋아하는 빛깔의 비단 옥색 비단 치마저고리가 가지런하게 개어져 있었다. 그 위에 정성을 다해 곱게 수놓은 빨간 귀주머니, 막내딸의 솜씨를 귀중히 여긴 듯 고명처럼 얹혀 있다. 정갈하게 다루어서 새것 같은 주머니 안에는 깨끗한 만 원짜리 지폐가 십 만원 단위로 몇 묶음이나 쟁여져 있었다. 노심초사 떠나는 길에 노잣돈으로 쓰라고 모아온 것 같다. 이것은 어머니가 주시는 것이라며 노제路祭를 집전하는 스님에게 몽땅 드렸다.

팔십칠 세 일기로 가신지도 어언 삼십 년이 넘었다. 그때는 임

그리고, 가을은

플란트가 없던 시절이었다. 그렇게 어머니에게 해주고 싶었던 틀니는 지금까지 아린 기억으로 남아 있다. 삼십 년이 흐른 지금, 시큰거리는 통증을 남긴 이 자본의 치아 임플란트가 어머니의 칠십 대 후반에 해드리지 못했던 십만 원짜리 틀니보다 아플까. 자식으로서의 삶에 갇혀 어머니의 마지막 소망을 놓쳤던 회한은, 아직도 텅 빈 잇몸처럼 시리다.

하지만, 어머니가 마지막까지 챙겨 두었던 옥색 치마저고리와 그 속에 감춰진 노잣돈이야말로, 시집살이의 고단함 속에서도 헌신으로 빚어낸 숭고한 모정의 증표였다. 어머니의 사랑은 언제나 준비되어 있었으나, 어리석은 딸은 그 끈을 뒤늦게야 잡았다. 이제 그 아린 추억을 안고, 나는 어머니의 마지막 미소처럼 엷은 슬픔을 수놓는다.

창밖의 유람선

 광복동과 국제시장이 시끌벅적하다. 동·서양인이 뒤섞여 가격만 물어보고 지나치는 사람도 있지만 대부분 상품 구매에 여념이 없다. 남녀노소 아이들까지 가족을 동반한 여행객도 많다. 시장을 빠져나오니 남포동 비프광장에도 발 디딜 틈이 없다.
 오랜만에 산복 도로를 운행하는 버스를 탔다. 86번 버스는 서면과 신암을 지나며 산허리로 따라간다. 연제구 연산동에서 서구 아미동 까치고개까지 가는 버스는 노선이 꽤 길다. 그 구간이 대부분은 산복도로여서, 달리는 버스에 앉아 부산 앞바다를 한눈에 바라보고 있으면 막혔던 속이 확 뚫리는 기분이다. 시야에, 좀처럼 보기 힘든 거대한 크루즈선이 한눈에 들어온다. 그 배는 자그마한 섬을 방불케 할 만큼 커서 그 길이를 내 눈으로는 가늠하기 어렵다.
 유람선은 부산항 국제여객부두에 접안해 있다. 네 척이 한꺼번에 기항한 것은 부산항 개항 이래 최초라고 한다. 크루즈선 전용 부두는 동삼동과 북항 국제여객부두라고 방송에서 들었다. 그중

한 척이 눈앞에 버티고 있다. 크루즈선 안에는 최고의 위락시설을 갖추고 여행길에 나선 이들의 기분을 한껏 돋우고 있을 것이다. 저렇게 큰 유람선을 타고 각 나라의 항구와 명승지를 드나들며 즐거워할 사람들을 생각하니 부러움이 앞선다.

대형 크루즈선은 대략 17만 톤이 넘는단다. 한 척당 칠천여 명의 승객이면 승무원이 천여 명 이상은 족히 넘는다고 한다. 유람선의 크기가 다 같을 수는 없겠지만, 네 척의 여행객은 어림잡아도 이만여 명이 넘지 않을까. 그들 모두가 하선하여 부산 땅을 밟지 않았을까. 눈에 들어온 중구 일대 남포동과 국제시장, 자갈치 일대와 서면까지 인파가 깔린 것을 보니 부산의 경제 주머니도 잠시나마 두둑해지겠다는 생각이 든다.

지독한 역병이 지나갔다. 그것으로 인해 세계여행은 물론 국내여행까지 중단되었다. 전 세계의 인구가 발이 묶여 이동이 제한되었다. 여행이 어려웠던 팬데믹 시기가 지나면서, 폐업 위기에 있던 여행업과 크루즈 업계가 살아났다고 해도 과언이 아니다. 꽁꽁 얼었던 강이 풀리듯 세계 경제도 술술 되살아났으면 좋겠다.

여행객 중 백화점부터 접수하는 부류가 있다고 한다. 특히 동남아 여성들이 한국의 모 브랜드 화장품을 싹쓸이한다는 말을 들었다. 한국의 영화배우나 탤런트들의 아름다움이 화장품에서 오는 것이라고 여긴다고 한다. 하선하고 체류 기간이 여덟 시간이라고 하니 그들에게도 바쁜 일정이다. 부산 구경하랴, 쇼핑하랴, 회 먹으랴, 적어도 2~3일은 되어야 부산을 제대로 구경했다고 할 수 있을 것인데, 게 등에 소금 뿌리듯 실속 없이 겉만 보고 가는 건 아닌지 궁금하다.

일정이 너무 빠듯할 터이다. 그래서 잠시 내렸다가 되돌아가는 것을 대비해 어떤 이는 비행기로 2~3일 먼저 와 여유롭게 여행하고 다시 크루즈선을 타고 가는 이도 있다고 한다. 현명한 사람들의 재치 있는 여행 방법이다. 이렇듯 여행은 미지의 세계를 직접 가서 보고 느끼고 안목을 넓혀가는 것이다.

어린 시절부터 세계 지도를 자주 봤다. 어느 나라가 어디 붙었는지를 알고 싶어서였다. 어른이 되면 여행은 자주 하게 되리라고 생각했다. 결혼 후 내 삶은 남편의 생각에 반영되었다. 남편은 어릴 때 장사를 하던 어머니의 부재에서 결핍을 느꼈을까. 그는 아이들을 키우는 엄마는 집에서 자식들이 돌아올 때까지 기다려야 한다며 내 발목을 붙들었다. 아이들이 대학을 들어간 후에야 겨우 숨통이 트였지만, 여행은커녕 집에 틀어박힌 일상이 습관이 되어버렸다.

해외여행은 다섯 손가락 안에 든다. 학교 졸업 여행과 나이가 들어 기념일에 갔던 여행이 모두다. 크루즈 여행은 언감생심이다. 주위 어느 누구에게도 '크' 자도 들어보지 못한 생소한 단어

인데도, 바다에 떠있는 저 호화로운 배를 보며 군침을 삼킨다. 사실은 아이들이 같이 여행 가자며 등 떠밀어도 지금은 몸이 따라주지 않는다.

자식들에게 일찌감치 일렀다. 여행은 견문과 지식을 넓히는 기회이므로 엄마처럼 되지 말라고 당부했다. 자식들은 짬짬이 여행은 하지만, 결혼 후에라도 마음의 여유를 가지고 가족과 함께 추억에 남는 여행이라면 더욱 좋으리라. 삶은 마음대로 되는 것은 아니나, 하고 싶은 것들을 하지 못하고 노년을 맞이한 나와 달리, 자식들은 아쉽지 않은 삶을 살았으면 하는 바람이다.

흘러가는 세월을 뉘라서 붙잡을까. 나이 들면 넉넉한 마음으로 여행할 줄 알았다. 이젠 시간도 마음의 여유도 생겼지만, 여행하기에는 내 몸이 악조건이 되어버렸다. 그나마 다행인 것은 몸소 체험하지는 못할지라도 TV 속의 여행 채널을 찾아 이곳저곳 동서양을 넘나든다. 모든 매체가 경쟁하듯 보여주는 프로그램 덕분이다. 안방에서 지구 반대편까지 잠깐씩이나마 눈으로 만족할 수밖에….

옛말 틀린 말이 없다. "노세, 노세 젊어서 놀아, 늙어지면 못 노나니 화무는 십일홍이요. 달도 차면 기우나니." 구절구절 맞는 말이다. 경제 성장이 한창일 때는 방송 금지곡이 되었던 노래다. 한창 일할 젊은이들이 놀아서 안 된다는 뜻이었으리라. 그리하여 그 시절이 경제 성장도 부쩍 늘었고 나라도 부강하게 되었다. 세월이 흐르고 보니 옛 어른들이 입을 모아 다리 성할 때 많이 다니라 했던 말을 실감한다. 종심從心이면 마음이 가는 대로 해도 된다지만, 마음뿐이고 육신이 따라 주지 않으니 어찌하랴.

부산항에 유유히 떠 있는 유람선, 그림의 떡이지만 멀리서 쳐다만 봐도 황홀하다. 저 안에서 단 며칠이라도 머물러 보고 싶다는 생각이 일어난다. 어떤 삶을 산 사람들이 저 배를 타고 여행을 하는 것일까. 그저 부러운 눈으로 크루즈선을 바라볼 따름이다.

저 그림 같은 유람선은 내 몫이 아닌 채, 눈앞에서 황홀한 꿈으로 떠 있다. "노세, 노세 젊어서 놀아."라는 옛 노래처럼 삶이 허락한 젊음의 시간이 곧 축복임을 이제야 깨닫는다. 내 삶을 덧없이 채웠던 일상과 희생의 조각들이 이 항구에 묶인 채 발길을 떼지 못했던 지난날의 무게라면, 저 크루즈선은 끝내 도달하지 못할 자유의 그림자일 것이다.

노을 지는 부산 바다를 보며 띠우는 이 작은 꿈 하나만으로 충분하다. 나는 창밖에서 크루즈선의 항해를 지켜보며, 마치 내리지 못한 항구의 기억들을 안고, 내 여생을 묵묵히 걸어갈 것이다.

온천천의 시간

  온몸으로 품어온 온천천이 바로 집 앞이다. '우리 집 정원에는 세느강'이 흐른다며 농담 섞어 자랑하는 곳이다. 40여 년을 기다려 놓인 다리가 생기면서 아름드리 벚나무를 내어주고 앞니 빠진 듯 휑한 길을 얻었다. 미라보 다리라며 스스로 붙인 그 다리 위아래로 오가는 차들만 무심히 질주할 뿐, 낯선 풍경 앞에서 마음은 자꾸만 길을 잃는다.

  남편은 외가에서 태어났단다. 그래서일까, 그는 언제나 고향을 그리워하듯 동래를 사랑했다. 외할머니의 따스한 정을 잊지 못했던가, 먼 길을 마다 않고 기차 통학으로 오가며 외할머니를 자주 뵈었다는 이야기처럼, 그의 안온한 마음의 고향이기도 하다.

  40여 년 전, 한 선단船團의 직장 동료의 말만 믿고 그의 집을 샀다. 마침내 외가가 있는 동래로 이사를 하고 살아 보니, 아름다웠던 온천천의 과거 이야기와는 거리가 멀었다. 연밭과 미나리밭이 어우러진 들녘이었다는 옛이야기, 세병교 아래에서 물고기 떼와 학이 춤추던 곳이라는 전설 같은 이야기는 아니더라도 좋다. 비가 오면 코를 찌르는 악취가 진동했고, 도로는 진흙탕으로 변해 버렸다. 세 개의 하천에서 풍겨 나오는 악취는 견디기 힘든 고통이었다. 건너편 미원공장의 굴뚝에서 뿜어져 나오는 시큼하고 매캐한 냄새는 온 종일 콧속을 파고들었고, 봄이면 수양버들의 꽃씨가 날려 나는 지독한 비염에 시달려야 했다.

'3년만 살고 떠나야지' 하고 마음먹었던 시절이었다. 동네를 가로지르던 두 개의 하천은 복개되어 6차선과 2차선 도로로 변했다. 여름이면 하천변의 넓은 풀밭은 모기의 서식지가 되어 흡혈 모기와 전쟁하느라 밤잠을 설쳤다. 양심 없는 사업가들은 계절 관계없이 폐수를 흘려 악취를 풍겨댔다. 왕표 연탄공장은 십구공탄의 위력을 과시하듯 검은 가루를 쉴 새 없이 날려 댔다. 창틀을 하루에도 몇 번을 닦아내고 실내를 닦아낸 걸레는 날마다 삶아야 했다.

1990년대 이후, 심각한 환경오염 문제로 생태계가 위협받자, 정부와 주민들이 힘을 합쳐 하천 주변을 생태공원으로 가꾸기 시작했다. 그 결과 온천천은 차츰 정화되어 갔다. 연탄공장이 사라지고 미원공장도 어디론가 이주를 했다. 그 자리엔 아파트 단지가 들어섰고, 꽃가루로 사람을 괴롭히던 수양버들이 베어지고, 벚나무가 그 자리에 대체되었다. 주변의 잡풀을 파내고 잔디를 심고 둔덕에는 꽃밭 조성이 시작되었다. 벚나무는 해마다 몸피를 불리며 가지를 뻗어 꽃을 피워 나갔다. 봄이면 예쁜 유채꽃과 벚꽃이 인파를 불러 모으며 문화 행사가 열리는, 제법 괜찮은 동네로 변했다.

온천천 변에는 끊임없이 꽃이 피고 진다. 생활 오수는 땅 밑 하수관로를 통해 흐르고, 금정산에서 내려오는 맑은 물과 낙동강에서 끌어들인 물은, 금정구를 거쳐 동래구와 연제구를 지나 수영 강으로 흘러 들어간다. 차츰 물이 맑아지면서 물고기 방류로 각종 물고기의 서식지가 되어 생기가 도는 온천천이 되었다. 물이 깊지 않은 민물에선 굵은 잉어들이 새끼와 어우러져 다니는 것을 쉽게 볼 수 있다. 이렇듯 평화로운 이곳도 폭우가 내리면 순식간에 황하 강처럼 변한다. 115미터 길이의 다리만큼이나 넓은 강이 되어 세찬 흙탕물이 강둑을 넘실대다가도, 비가 그치면 언제 그랬냐는 듯 조용해진다.

지겹게 맡았던 악취도 사라졌다. 운동시설이 생기고 온천천 변의 나무들이 정들기 시작했다. 3년만 살다 가려던 것이 40여 년을 살고 있다. 식구들은 집이 비좁으니 이사를 가자고 성화지만, "도심에서 이렇게 확 트인 곳이 어디 있어?"라며 이제는 내가 버틴다. 지금 들썩거리는 재개발이 되면 동래에서 제일 큰 단지로 탈바꿈할 것이라며, 이만한 곳도 없다고 너스레를 떤다.

가을이 되면 전어가 밀물 따라 올라온다. 새까맣게 무리 지어 높이뛰기 묘기도 부린다. 뜰채를 건져도 될 만큼 가까운 거리에서, 산소가 부족한지 물 위로 주둥이를 내밀고 뻐끔거리는 모습만 봐도 장관이다. 흐르는 물 따라 수심이 깊은 하구 쪽은 하천이 아니라 강이라는 느낌이 든다. 큰 물고기가 하얀 비늘을 번들거리며 물위로 뛰어 오른다. 지나던 행인은 고래가 튀어 오른다고 호들갑을 떨기도 하지만, 힘자랑이라도 하듯 숭어는 줄지어 올라오며 연이어 몸놀림을 자랑한다. 이 아름다운 광경을 보고 있자니 슈베르트의 〈송어〉를 듣고 있는 것 같다.

한동안 혼자서 산책을 못했다. 몸이 좀 불편했지만, 오늘은 혼자 할 수 있다는 용기를 내어 온천천 하구인 수영강까지 내려왔다. 오랜만에 완주했다는 기분에 달떠, 카페에 들어 시원한 카페라테 한잔하고 다시 걸음을 재촉한다. 때론 혼자가 좋다. 시간을 내 마음대로 조율할 수 있으니 훨씬 여유롭다. 거리로 나와 나무 데크를 걸으니 발걸음이 가볍다. 지나며 말 걸어오는 사람들의 눈길도 정겹다.

아는 사람 없어도 좋다. 삼삼오오 운동을 즐기며, 나처럼 늙수그레한 사람들은 대화 몇 마디면 금방 유대감을 갖는다. 온천천로에 들어선 카페 거리가 활성화되고, 온천천 변의 자연환경에 사람들도 생기를 얻는다. 음식점과 편의 시설도 늘어서면서 그에 따라 주변 집값도 천정부지로 따라 올랐다고 한다. 이토록 온천천 변이 나날이 좋아지고 있다. 씨알이 굵은 잉어 떼가 줄을 지어 유영해도, 왜가리는 잡기가 버거운지 멀뚱하게 쳐다보기만 한다.

오리 떼는 먹이를 찾아 부지런히 자맥질을 해댄다.

계절마다 문화행사가 심심찮게 열린다. 다양한 식물과 동물의 서식지로 생태계를 보호하기 위한 '온천천을 사랑하는 모임'도 있어 깨끗함을 더한다. 곳곳에 쉼터가 있어 사람과 자연의 소통이 잘 어우러지는 듯하다. 마을버스만 다니는 동네, 그나마 염원하던 다리도 생겼고, 정규 버스 노선만 생기면 더 좋은 동네로 발전할 것이다.

수연교는 동래구와 연제구를 잇는 여섯 번째 다리다. 그것이 들어서면서 대문 앞의 아치 역할을 했던 아름드리 벚나무가 사라졌다. 집 앞의 환경은 더 삭막해졌지만, 살기 좋은 도시로 나아가는 행정이 그러하니 어쩌랴. 세월의 흐름 속에 많은 것을 잃고 또 얻었다. 나의 삶 또한 온천천을 닮아 있었다. 처음 이사 왔을 때, 악취와 먼지에 몸서리치던 곳이, 이제는 삶의 풍경이 되었다. 온천천을 따라 흐르는 물처럼 나의 시간도 흘렀고, 흑단 같았던 머리카락은 어느새 파뿌리가 되었다. 자연은 순리대로 스스로 정화하듯, 나의 삶 또한 환경에 적응하고 그 안에서 이유를 찾았다.

변화는 때론 많은 것들을 잃게 하지만, 그 자리에 새로운 생명과 풍요를 대신 채운다. 흐르는 저 강물처럼 멈추지 않고 흘러온 온천천의 시간은, 나에게 삶의 거대한 순환과 공존의 지혜를 가르쳐 주었다.

흐르는 삶, 담는 마음: 김영금 수필의 세계

박양근(문학평론가, 부경대 영문과 명예교수)

1. 열면서

문학은 작가가 살아온 삶을 자신의 언어로 풀어내는 창조적 행위이다. 시가 언어의 이미지로, 소설이 허구적 구성으로 세워진다면, 수필은 직접적인 언술로 지나온 삶을 되돌아보며 기록하는 작업이다. 과거의 시간을 현재 속에서 다시 살아내면서, 기억 속에 오늘의 자신이 의미 있게 자리하도록 덧붙이는 것이다. 다시 말해, 과거를 현재로 불러오는 부활의 삶이라 할 수 있다.

김영금에게 수필은 곧 삶 자체다. 그녀는 문학적 완성보다 인간적 진실을, 문장의 아름다움보다 서사의 진실성을 먼저 챙긴다. 그녀의 삶을 곁에서 지켜보면 자연스럽게 떠오르는 생각이 있다. "이 사람은 수필을 쓸 수밖에 없겠구나." 함께 공부한 문우들은 그녀가 수필 창작반에 들어왔을 때의 첫 모습을 지금도 기억한다. 12폭 치맛자락이 어울리는 듬직한 체구, 해당화 꽃처럼 소박한 얼굴, 허스키한 목소리. 수필을 쓰고 싶다는 대답을 했을 때, 그녀에게 붙여진 별명은 '왕언니'였다. 카리스마가 있으면서도 구석구석을 따뜻하게 살피는 인간미는, 팍팍한 삶을 꿋꿋이 살아온 여인에게 꼭 맞는 이름이었다.

인생의 길에서 숱하게 넘어지고 부딪치며 얻은 그녀의 인생관은, 알게 모르게 문우들에게 울림을 주는 소중한 조언이었다. 조심스러운 말투로, 때로는 자애로운 침묵으로, 그녀는 늘 문우들에게 자중의 분위기를 만들었다. 그녀의 수필도 다르지 않다. 여인의 삶에 파도가 없을 수는 없지만, 그녀의 글은 격렬한 변화보다 잔잔한 여운을 남기는 서사로, 독자의 마음에 웃음과 눈물과 미소를 끊임없이 흘려보낸다. 때로는 예기치 않은 대담함으로, 때로는 작은 상처에 평생 이어지는 한숨과 걱정으로, 그녀의 글은 생의 진폭을 섬세하게 읊었다.

이런 인간적 면모는 끝없는 학구열에서 비롯된다. 중문학을 전공하고 주역을 배우며, 만년에는 수필 문학에 입문하여 늙음의 세월을 단아하게 펼쳐 보였다. 〈책머리에〉에서 "늦게 열린 배움의 문 앞에서 나는 그저 기쁘다."라고 말하듯이 그 첫 문학적 결실이 수필집 《그리고, 가을은》이다. 그녀에게 가을이 남다른 의미를 갖는 이유는 결실을 거두고 잎을 떨어뜨리는 버림이 아니라, 봄처럼 새롭게 시작하고 부활하며 인생의 씨앗을 뿌리고 거두는 초계절적 편력이기 때문이다.

그래서 삶과 정신세계를 진솔하게 엮은 서사와 서정이 빛나는 그녀의 수필은, 성실하게 살아온 인간에게서만 발견할 수 있는 특별한 미적 세계라 할 것이다.

2. 물길로 채우고 나누며

김영금 작가의 삶은 어린 시절부터 지금에 이르기까지 끊임없이 자아를 찾아가는 여정이다. 그녀가 걸어온 길은 육지의 길이 아니라, 쉼 없이 흔들리고 흐르는 물길과 흡사하다. 바다를 면한 통영에서 태어나고, 거친 파도와 맞서 싸운 선장의 아내로 일생을 살아오는 가운데, 그녀는 강물의 유순한 흐름과 바다의 거침없는 파도 같은 곡절의 인생 무대에서 순종과 저항을 동시에 배웠다. 땅 밑에서 솟아오르는 샘물처럼 희망을 품고, 거친 파도가 밀려들수록 인생의 물길이 언제나 이어지고 열려 있음을 긍정적으로 깨쳐왔다.

수필 〈물길〉과 〈비워내기〉는 인생을 물로 상징한 인생 수필로서, 삶을 성찰한 자아 반추의 역할을 한다. 〈물길〉에서 그녀는 어린 시절 천수답에서 웅덩이 물을 퍼 올리던 기억을 더듬으며, 인생 또한 물길처럼 새로운 길을 내며 흘러감을 노래한다. 막히면 돌아서고, 돌담이 골목을 넘어 이어지듯, 인생 또한 고비마다 또 다른 길을 찾아간다. 그 끝에는 늘 희망이 있다는 믿음이야말로 작가의 생애를 지탱해 온 힘이었으리라.

〈물길〉이 과거의 그녀를 보여준다면, 〈비워내기〉는 온천천의 흐린 물과 맑은 물, 그리고 고향 우물을 떠올리며 마음의 내면을 비추는 현재의 시점으로 옮겨온다. 물은 흘러야 새로워지듯, 인간의 마음도 욕심과 집착을 비워낼 때 비로소 맑음을 되찾는다. 삼천배 수행은 지난 시간의 번뇌를 씻어내고 삶을 정화하고자 하는 간절한 소망의 몸짓이었다.

두 글을 함께 묶으면, 작가의 인생관이 '물처럼 흐르고 물처럼 비워내는 것'에 있음을 알 수 있다. 세월의 굴곡 속에서도 길은 언제나 열려 있으며, 그 길을 걸어가기 위해 작가는 마음속 불순물을 씻어내면서 감사와 겸허로 항상 배려하고 남을 생각하는 낮게 흐르는 삶을 다졌다. 그리하여 김영금은 낮은 곳에서 모든 것을 품는 물의 본성을 배우게 된다. 그녀의 글이 투명하고 단단하면서도 부드럽게 흘러가는 한 생의 노래를 들려주는 이유가 여기에 있다.

표제작 〈그리고, 가을은〉에는 작가의 삶 전체가 녹아 있어, 배움과 성찰의 궤적이 가을이라는 상징으로 선명하게 드러난다. 어린 시절의 체험, 중년의 갈등, 노년에 다시 시작한 공부까지, 작가의 여정은 가을빛으로 물들어 가는 나뭇잎처럼 점점 더 깊고 넓어졌다. 그 모든 삶을 반영하는 구절은 독자의 마음을 사로잡기에 충분하다.

늦은 나이에 공부해서 뭐 하겠느냐며 만류하는 이들도 있었다. 늦었다고 생각할 때가 가장 이른 때라고 대꾸했다. 돈벌이하고 연관이 있냐고 묻는 이에게는 늘그막에 좋아하는 것 하면 좋지 않겠냐고 답했다. 돌이켜 보니 참 잘한 선택이었다. 죽을 때까지 해도 모자랄 공부는 모든 인생살이와 연결되었다.
- 〈그리고 가을은〉에서

이 문장은 공자의 '삼락三樂'처럼 김영금의 삶과 글을 압축하는 열쇠와 같다. 그녀에게 가을은 끝이 아니라 새로운 출발이며, 배움은 나이를 가리지 않고 삶을 풍성하게 만드는 힘이라는 것이다.

작품 속에는 몇 가지 정점이 드러난다. 먼저, 어린 시절 부모님의 가르침을 통해 배움의 씨앗이 심어졌다. 이삭 한 줌이라도 나누라는 아버지의 말씀과, 배부르다는 말을 아끼라는 어머니의 당부는 인간다운 도리를 일깨우는 교훈이자, 작가의 정신을 지탱하는 뿌리가 되었음을 밝힌다. "오뉴월 가뭄에 타들어 가는 논밭" 같았던 중년 시기가 있었지만, 이 갈증을 좌절이 아니라 인간의 도리를 다해야 한다는 자각으로 전환시켰다. 나아가 인생의 가을에 동양고전, 역학, 한문, 중어중문학까지 배움을 이어가면서 노년의 학문을 삶을 새롭게 열어가는 두 번째 봄으로 간주한다. 그래서 "가을은 시작하기 좋은 때"라는 메시지가 더없이 설득력을 지닌다.

또한 김영금에게 가을은 풍요로움과 나눔의 계절이다. 작가는 "행여 지난날 나처럼 살고 있는 사람이 있으면 도와주겠다."라고 다짐한다. 그녀는 배움을 자기완성에 머무르지 않고, 이웃과 세상을 향해 열려 있는 나눔의 정신에 일치시킨다. 이처럼 〈그리고, 가을은〉은 삶을 꿰뚫는 배움의 철학과 "지금이라도 시작하면 늦지 않다."라는 용기를 품게 하는 힘의 물길을 전한다. 그 따뜻한 위로와 격려가 이 대표작의 매력이다.

김영금은 자신에게 물의 철학과 배움의 기쁨을 전하듯, 삶을 감싸는 온기와 일상 속 성찰을 확장한다. 그녀는 항상 주변 가족과 자아를 따뜻한 사랑의 끈으로 묶는다. 그 실천적 작품으로 〈엄마의 치마폭처럼〉, 〈약속〉, 〈열정〉을 들 수 있으며, 모두 꺾이지 않는 인간의 따뜻함과 성찰을 보여준다.

〈엄마의 치마폭처럼〉은 자수와 병풍에서 삶의 기억과 위안을 담는다. 사십여 년 전 정성껏 만든 반야심경 병풍을 통해 어린 시절 어머니의 치마폭에 숨던 안락함과 보호받던 기억이 떠올린다. 동시에 결혼과 가정의 역할 속에서 잠시 접었던 열정을 병풍 속에 간직했던 그녀는 이것을 펼치면서 삶과 죽음이 둘이 아님을 깨닫는다. 자수를 놓으며 쌓아온 제사에 대한 기억으로 조상마저 감싸안는 넉넉한 품이 독자에게 온기를 전한다.

해학과 연민이 동시에 넘치는 〈약속〉의 제재인 한 벌의 니트는 단순한 옷이 아니라 가족과 나, 나아가 남편에게 한 삶의 약속이 된다. 출산 후 변한 몸을 감싸주는 이 옷은, 남편과 그녀에게 세월이 흐를수록 약속이라는 빛나는 가치를 지닌다. 작가는 이 작은 사물을 통해 소소한 일상의 순간에도 의미와 성실함, 환경에 대한 배려를 담을 수 있다는 메시지를 전한다.

마지막으로 〈열정〉에서는 노년의 육체적 한계를 솔직히 드러내면서도, 배움에 대한 뜨거운 열정이 살아 있음을 제시한다. 척추 수술 후 방탄복 같은 보조기를 입고 등산 스틱을 짚으며 한 걸음씩 강의실로 향하는 모습은 패잔병처럼 보인 것이 아니라, 인생이라는 전장에서 승리를 거두고 귀환하는 용사를 떠올려 준다. 무엇보다 글쓰기를 '최상급 영양제'에 비유하여, 정신적 열정과 자기실현이 결코 늦지 않음을 전한다.

세 작품을 관통하는 핵심은 평범한 일상 속에서 삶의 의미를 발견하고, 작은 사물과 경험 속에서 위안과 기쁨을 찾는 능력이다. 자수와 병풍, 한 벌의 옷, 글쓰기라는 매개는 앞서 다룬 가을 물결과 더불어 작가의 경험과 감정을 진솔하게 담아, 독자에게 삶의 온기와 인간적 깊이를 전한다. 또한 글 속에는 개인적 체험과 보편적 공감이 균형 있게 녹아 있어, 누구나 자신의 삶과 연결

지어 사유할 수 있다.

김영금의 글과 삶은 우리에게 잔잔하지만 깊은 울림을 전해준다. 그녀는 흘러가는 시간과 물에서 순응과 용기를 배우고, 비워내며 성숙해 간다. 배움과 성찰, 일상의 작은 순간 속 의미와 기쁨이 그녀의 글을 더욱 투명하고 단단하게 만든다. 독자는 그 물길을 따라가며, 자신도 새로운 길을 찾고, 다시 시작할 용기를 얻는다. 김영금의 삶과 글이 전하는 온기와 겸허, 그리고 나눔의 정신은 흐르는 물처럼 삶을 살아가자는 지혜를 알려준다. 남은 인생을 들여다보는 그녀의 시선에서, 우리는 조용하지만 단단한 삶의 성찰과 따뜻한 위로를 얻는다.

3. 기억과 사랑의 바다

인간의 기억은 사람과 장소와 긴밀하게 얽혀 있다. 그리운 사람은 특정 장소와 연결되고, 특정 장소는 다시 만나고 싶은 사람을 떠올리게 한다. 그렇기에 고향과 오래 살던 공간은 단순한 배경이 아니라 어린 시절 뛰놀던 골목, 시장, 집 앞마당이 삶의 기억과 감정이 스며든 마음속 풍경이 된다. 풍경으로서 공간에는 사랑과 고난, 기쁨과 슬픔이 겹겹이 쌓여 세월이 흘러도 쉽게 지워지지 않는다. 오히려 그 기억은 현재를 돌아보고 삶의 의미를 되새기게 하는 따스한 힘이 된다.

김영금의 〈회상〉에서 작가는 과거에 살았던 장소를 유람하듯 되찾는다. 이는 단순한 회귀가 아니라, 과거의 자아를 되찾는 여정이다. 나이든 아내와 남편이 부산항, 아리랑 고개, 증산공원 등 다양한 공간을 따라 과거와 현재를 오간다. 젊은 시절의 부산항은 남편과 가족의 노력과 사랑, 바다와 도시가 맞닿은 삶의 열정을 떠올려 준다. 아리랑 고개와 성북시장은 시어머니와 이웃들의 정겨운 일상과, 시장에서 들었던 소소한 이야기들을 되살린다. 증산공원에서는 역사적 사실과 개인적 체험이 겹치며, 공간 속 기억이 오늘의 삶에 자연스럽게 이어진다.

특히 바다는 단순한 배경이 아니라 삶과 기억, 가족과 사랑을 연결하는 정서적 중심축으로 기능한다. 〈회상〉은 "그는 바다를 떠난 지 오래이다."라는 문장으로 시작하지만, 그들은 결코 바다를 멀리할 수 없다. 바다는 남편의 뱃길 인생과 가족 부양의 노고, 도시와 인간 삶의 긴장과 보람을 담아낸 상징적 공간이다. 특히 바다 전망대에서 남편과 함께 먼바다를 바라보는 장면은 삶의 흐름과 시간, 가족의 사랑을 총체적으로 보여준다.

역사적 사실을 보여주는 도시 풍경은 시간의 흐름 속에서 변하지 않은 정서적 울림을 강조한다. 독자는 단순한 장소 묘사에 그치지 않고, 바다와 인간의 삶이 맞닿는 순간에 공감하게 된다. 바다는 과거의 고단함과 기쁨을 모두 담아내는 기억의 공간으로,

글 전체의 정서적 중심을 형성한다.

작가는 장소를 기억의 대상이 아니라 삶의 향기와 사람들의 숨결까지 담아내는 배경으로 설정한다. 변화한 도시 풍경 속 시간은 작가에게 삶과 사랑, 인간적 향수의 의미를 차분히 이야기해주는 공간이 된다. 무엇보다 삶의 길 위에서 만나 함께 살아온 가족과 소소한 행복과 사랑의 무게를 나누는 무대가 된다.

첫 번째로 기억하고 사랑하는 인물은 남편이다. 선장으로 퇴직한 남편은 누구보다 바다 위 삶의 울림이 큰 사람이다. 그의 인생은 바다와 닮았다. 잔잔할 때도 있지만, 어느 순간 갑작스러운 폭풍이 몰아치므로 부부는 서로의 마음을 더욱 단단히 붙잡아야 한다. 작가는 음악과 믿음, 사랑이 이들을 지탱한 힘이라고 말한다. 〈심금을 울리는 노래〉와 〈고백〉 두 작품 모두, 부부가 바다 삶 속에서 서로를 지탱하며 살아가는 모습을 섬세하게 보여주는 이유가 이것이다.

음악은 서로의 마음 거리를 좁히고 사랑을 전한다. 아들이 자장가 〈섬 집 아기〉를 듣고 눈물을 흘리듯, 음악은 삶의 기억과 사랑을 이어주는 다리였다. 남편에게 음악은 출항과 귀항을 반복하는 가운데 갖는 가장의 마음으로서 그리움과 외로움을 가사로 가진다. 〈잘 있거라 부산항〉을 들으며 흘린 눈물은 단순한 곡조가 아니라 이별과 그리움을 담는 울림이다. 젊은 시절 남편에게 부산항은 항구가 아니라 가족과 사랑, 삶의 안식처이므로 그는 노래로 스스로를 다잡았고, 폭풍 속에서도 가족이 기다리고 있음을 "돌아와요."라는 약속의 노래로 확인했다.

〈고백〉에서는 기도와 보시를 통해 남편을 지키려는 아내의 애정이 드러난다. 육지를 떠난 남편, 재정적 어려움, 가족을 향한 염려 속에서도 그녀는 "내 가정을 지키고 싶었다."라고 다짐하며, 금강경의 "형상에 머무르지 않고 마음을 내라應無所住 而生其心."에 귀착한다. 보시는 가족을 지탱하며, 외로운 남편을 위해 최선을 다하는 불심으로 삶의 울림을 이어가는 행위로 그려진다.

남편의 노래와 아내의 믿음은 방식은 다르지만 동일한 울림을 만든다. 선원이 바다 위에서 느낀 외로움과 그리움, 가족을 향한 마음이 음악으로 전달된다면, 아내의 선행과 기도는 남편을 안전하게 육지로 되돌리는 역할을 한다.

"좋은 일이든 나쁜 일이든 아무도 모르게 행해지는 것은 없다. 하늘이 알고, 땅이 알고 본인이 알기 때문이다. 오직 선행하며 사는 것을 기본으로 삼아야 하리."

- 〈고백〉에서

결국 삶에서 가장 중요한 것은 흔들림 없는 믿음이다. 음악과 기억, 선행과 기도는 폭풍 속에서도 서로를 이어주는 다리로, 두 사람을 현실에서 지탱시켜 주는 언어다. 이 순간을 서정적으로 포착한 김영금의 글은 인간과 삶, 가족과 사랑, 외로움과 그리움의 울림을 조용히 일깨운다. 나아가 개인적 체험을 넘어 가족과 삶, 사랑의 본질을 드러낸다.

김영금과 부모와의 애정은 손끝과 마음에 새겨진 공경으로 그려진다. 이를 보여주는 작품으로 아버지를 그린 〈목도리〉, 어머니를 추억한 〈어머니의 삼베〉, 시어머니를 회상한 〈마지막 대화〉가 있다. 〈목도리〉에서 아버지의 목도리를 풀어 장갑을 만들던 어린 시절의 경험은 단순한 손놀림을 넘어 삶과 인간관계의 이치를 깨닫는 첫걸음이 된다. 〈어머니의 삼베〉는 베를 짜는 고된 과정 속에서 어머니의 사랑과 정성을 손끝에 새긴 기록이다. 어머니가 한 올 한 올 짠 세월 속 손끝에서 작가는 여성이 지녀야 할 사랑의 섬세함을 배운다. 〈마지막 대화〉에서는 치매로 기억을 잃어가는 시어머니와 함께한 시간 속에서 배려와 사랑, 공경심을 이어받는다. 가족을 위해 헌신한 어머니의 삶은 온 몸으로 전하는 사랑의 표본임을 보여준다.

김영금의 수필집 《그리고, 가을은》은 시종 기억과 장소, 바다와 음악, 믿음을 통해 삶과 사랑, 가족의 관계를 잔잔하게 그려낸다. 과거의 공간은 단순한 배경이 아니라 삶의 감정을 담은 기억의 그릇이며, 바다는 외로움과 그리움, 가족과 사랑을 연결하는 중심축이다. 남편의 노래와 아내의 기도, 부모와의 애정은 서로 다른 방식으로 삶을 지탱하며, 독자는 가족과 사랑, 기억과 향수의 본질을 성찰하게 된다. 이렇듯 그녀가 펼치는 작품들은 개인적 체험을 넘어 인간과 삶, 사랑의 울림을 섬세하고 힘 있게 보여준다.

4. 사회 성찰과 인간애의 울림

김영금은 개인사에 못지않게 환경과 사회 변화에 깊은 관심을 보여준다. 이는 학문과 문학을 병행하며 개인과 자연, 사회 간의 영향을 인문학적으로 주시하고, 인간 존재를 보다 심층적으로 살피고 있기 때문이다.

〈고장 난 지구〉는 산불과 북극 해빙, 해양 생태계 변화 등 지구 환경의 급격한 변화를 생생하게 그려낸다. 작가는 "3월 21일부터 시작한 산불이 22일에는 하루에 31곳에서 동시다발적으로 일어났다."라고 기록하여 인간 활동과 기후변화가 서로 영향을 주고받는 현실을 직시한다. 산불, 한파, 가뭄과 같은 자연재해는 단순히 날씨 문제가 아니라 사회적·경제적 피해와 연결된다. 실제로 안동과 청송 산불의 경우, 피해자는 진화 대원과 공무원 외에 미처 피하지 못한 노약자들이었다. 산림이 재생되어 송이버섯을 채취하려면 30년에서 50년이 걸린다는 사실도 자연 피해가 단순히 환경적 문제가 아님을 알려준다.

작가는 또한 인간의 편리함과 산업 발전이 자연을 훼손하는 양상을 비판한다. "4대강 사업으로 흐르지 못한 강물은 보에 갇혀 녹조로 변해 강이 썩었다."라고 지적하며, 잘못된 정책이 자연환경과 직결됨을 경고한다. 원자력 문제에 대해서도 "전 세계가 폭발물을 안고 사는 것과 다르지 않다."라는 해석을 통해, 기술적 선택이 장기적 사회 안전 문제임을 강조한다. 결국 작가는 기후변화와 인간 선택의 연결 속에서 사회적 책임과 개인 실천의 중요성을 환기한다.

〈코로나가 남긴 제사 문화〉는 팬데믹을 겪으며 개인과 사회의 삶이 어떻게 변했는지를 다룬다. 작가는 "첫 번째로 동서들에게 제사음식을 일임시켰다. 허리를 다친 이후 움직임이 시원찮아 제사 장보기마저 힘들었다."라고 기록하며, 신체적 제한과 사회적 환경이 "고인을 기리는 마음"과 충돌할 수 있음을 지적한다. 이는 제사 전통도 사회적 현실과 맞물려 새롭게 의미를 찾을 수 있음을 보여준다.

팬데믹은 세대 간 인식 차이와 현실적 제약을 부각시킨 재앙이었다. "설날에 여섯 분의 조상님을 모셔 일 년에 한 번 만나자고 고告하였다."라는 변화는 전통을 현대적 사회 구조에 맞춘 유연한 선택이었다. 이러한 선택은 현대인의 삶 속에서 전통문화가 적응할 수 있는 길을 보여준다. 〈코로나가 남긴 제사 문화〉에서 작가는 자연의 오랜 경고와 "본질을 잃지 않으면서 마음을 지키는 변화"라는 메시지를 결합하여, 인간과 환경 간 선택의 중요성을 일깨운다.

김영금은 깊은 신앙심과 풍부한 경험으로 인간애가 화목하게 빚어낸 분위기를 찬미한다. 〈사랑스러운 아이들〉과 〈반란斑爛〉과 〈온기 가득했던 집〉은 모두 인간애와 가족 화목을 중심으로 삶의 의미를 섬세하게 포착한다. 〈사랑스러운 아이들〉에서는 손녀 같은 보호소 어린이를 품에 안는 순간이 그 핵심이다. "어린 손녀를 가슴에 폭 안았다. 부드럽고 촉촉한 느낌이 더할 나위 없이 좋다."라는 표현에는 모든 아이들에 대한 사랑이 충만하게 드러난다. 할머니로서 아기를 직접 안는 경험은, 가족이 주는 위안과 기쁨의 깊이를 상징하는 에피소드다.

동서들과 떠난 제주 여행은 가족 내 화목의 의미를 확장한다. "여행 내내 세 명의 동서들과 나는 한 방에 모여 여행의 피로감도 잊은 채 밤새는 줄 모르고 웃음꽃을 피웠다."라는 장면은 웃음과 대화가 단순한 오락을 넘어 심리적 회복과 유대 강화의 역할을 한다는 점을 보여준다.

모두 남부럽지 않게 살아가는 동서들이다. 튀지 않는 빛깔로 서로 다독이며 가족애를 이루어간다. 어머님의 바람대로 조각조각 색을 잘 맞추어 가며 짙은 우애로 조화로운 집안을 밝혀간다. 짧은 2박 3일이었지만, 동서들과의 여행은 오래 기억될 만큼 참 행복했다. 바쁜 시간을 내어 함께해 준 동서들의 찬란한 반란斑爛이었다.

- 〈반란斑爛〉에서

〈온기 가득했던 집〉에서는 인간적 온기와 전통적 공간이 상호 작용 하는 모습을 보여준다. 오빠가 버거씨병으로 극심한 고통을 겪던 시기, 진주 하 고약 집에서 가족처럼 대우받던 장면은 공동체적 인간애의 실천적 사례로 제시할 만하다. "죽는다고 생각했던 사람이 살아났다. 도처에서 오빠 친구들이 모여들었다. 친구뿐 아니라 집안 어른들도 자주 찾아와 문중에서 일어나는 이야기를 나누었다."라는 묘사와, "집안의 분위기를 보아도 사람 됨됨이를 알 수 있다."라는 글귀는 가족 내 화목이 개인의 품성과 사회적 태도에 미치는 영향을 어떠한가를 말한다.

〈반란斑爛〉과 〈온기 가득했던 집〉은 서로 다른 상황 속에서 인간애와 화목이 만들어내는 찬란함을 섬세하게 포착한다. 세대를 잇는 사랑, 동서 간 우애, 전통과 체험 속에서 흘러나오는 온기에서 독자는 가족의 소중함과 삶의 심미적 가치를 동시에 느낄 수 있다.

김영금의 글은 환경과 사회, 그리고 가족과 공동체를 잇는 다리와 같다. 기후와 전통 속 변화의 징후를 섬세히 어루만지면서도, 인간애와 화목이 빚어낸 따뜻한 순간을 놓치지 않는다. 그것은 개인의 삶을 넘어선 사회적 성찰이자, 시대를 살아가는 이들에게 전하는 책임과 희망의 언어다. 그의 문학은 결국 자연과 인간, 전통과 변화, 가족과 사회가 어우러져 피워내는 온기의 빛을 증언하며, 우리가 지켜야 할 소중한 가치가 어디에 있는지를 잔잔히 일깨운다.

5. 닫으며

김영금의 수필은 삶의 작은 숨결을 붙잡아 언어로 길어 올린다. 물길처럼 유연하고, 가을처럼 깊으며, 바다처럼 너른 품을 지닌 글 속에서 우리는 그녀의 발자취와 마음결을 읽는다. 그것은 단순한 회상이 아니라, 삶을 품어 안고 되새기려는 한 인간의 진솔한 고백이다.

그녀의 글은 기억과 사랑, 가정과 공동체, 자연과 사회가 서로를 비추며 어우러지는 자리에서 탄생한다. 바다는 그리움과 화해의 무대가 되고, 물은 성찰과 배움의 흐름이 되며, 일상의 소소한 사물들은 따뜻한 체온을 품은 상징으로 살아난다. 그 세계는 개인의 서정에 머물지 않고, 모두가 공감할 수 있는 인간애와 사회적 성찰로 번져간다.

결국 김영금의 수필은 삶을 사랑하는 한 사람의 간절한 노래이다. 늦음 없이 이어간 배움의 길, 서로를 다독이며 지켜낸 가족애, 자연과 사회를 향한 겸허한 눈길은 독자에게 조용한 울림을 건넨다. 그 울림은 마치 잔잔한 파도가 가슴을 두드리듯 오래 남아, 우리로 하여금 더 따뜻하게, 더 깊게, 그리고 더 아름답게 살아가기를 권하고 있다.

그리고, 가을은

초판 1쇄 발행 2025년 12월 5일

지은이 김영금
펴낸이 장길수
펴낸곳 지식과감성˚
출판등록 제2012-000081호

교정 정은솔
디자인 김희영
편집 김희영
검수 김지원, 정윤솔
마케팅 김윤길

주소 서울시 금천구 벚꽃로298 대륭포스트타워6차 1212호
전화 070-4651-3730~4
팩스 070-4325-7006
이메일 ksbookup@naver.com
홈페이지 www.knsbookup.com

ISBN 979-11-392-2949-3(03810)
값 15,000원

- 이 책의 판권은 지은이에게 있습니다.
- 이 책 내용의 전부 또는 일부를 재사용하려면 반드시 지은이의 서면 동의를 받아야 합니다.
- 잘못된 책은 구입하신 곳에서 바꾸어 드립니다.
- 이 도서는 한국예술인 창작지원금으로 제작되었습니다.

지식과감성˚
홈페이지 바로가기